Die Spruchquelle Q

Die Spruchquelle Q

Studienausgabe
Griechisch und Deutsch

Herausgegeben und eingeleitet von
Paul Hoffmann und Christoph Heil

Griechischer Text nach der „Critical Edition of Q"
des International Q Project,
herausgegeben von James M. Robinson, Paul Hoffmann
und John S. Kloppenborg Verbin,
in Verbindung mit: Stanley D. Anderson, Robert A. Derrenbacker Jr.,
Christoph Heil, Thomas Hieke, Steven R. Johnson,
Milton C. Moreland, Joseph Verheyden

Wissenschaftliche Buchgesellschaft

Peeters Publishers

Einbandgestaltung: Neil McBeath, Stuttgart.

Die Deutsche Bibliothek – CIP-Einheitsaufnahme
Ein Titeldatensatz für diese Publikation ist bei
Der Deutschen Bibliothek erhältlich.

Reproduktionsfähige Druckvorlagenerstellung: Christoph Heil
Gedruckt auf säurefreiem und alterungsbeständigem Papier
Printed in Germany

Besuchen Sie uns im Internet: www.wbg-darmstadt.de

ISBN 3-534-16484-9

Inhalt

Vorwort

Diese Studienausgabe bietet eine Rekonstruktion des griechischen Textes der sogenannten Logien- oder Spruchquelle Q mit deutscher Übersetzung. Sie setzt die Zweiquellentheorie voraus, die sich in der Evangelienforschung seit der Mitte des 19. Jahrhunderts weithin durchgesetzt hat. Nach dieser Theorie ist Q eine bereits schriftlich verfasste Spruchsammlung, die als „zweite Quelle" zusammen mit dem Markusevangelium von Matthäus und Lukas in ihren Evangelienschriften verarbeitet wurde. Galt diese Spruchsammlung der älteren Q-Forschung eher als „katechetische" Ergänzung des antiochenischen Kerygmas vom Sühnetod Jesu Christi und seiner Auferwekkung von den Toten, wie es vor allem durch Paulus überliefert wird, so setzte sich in der Q-Forschung seit den fünfziger Jahren des vergangenen Jahrhunderts die Einsicht durch, dass Q einen eigenständigen Strang urchristlicher Jesus-Überlieferung darstellt. Q gilt ihr als Zeugnis der Geschichte und Theologie der frühen Israelmission judenchristlicher Wanderprediger vornehmlich im galiläisch-syrischen Bereich und erschließt so auch einen spezifischen Zugang zur ältesten palästinischen Jesus-Überlieferung. Dies erklärt das Interesse, welches Q in den letzten Jahrzehnten in der europäischen und vor allem in der nordamerikanischen Evangelien- und Jesus-Forschung gefunden hat.

Die vorliegende Textausgabe folgt der Q-Rekonstruktion des *International Q Project* (IQP), die von James M. Robinson, Paul Hoffmann und John S. Kloppenborg Verbin im Jahr 2000 bei Peeters Press (Leuven, Belgien) und Fortress Press (Minneapolis, MN) veröffentlicht wurde: *The Critical Edition of Q* (vgl. die Bibliographie am Ende dieses Buches). Mittlerweile sind hiervon schon englische und französische Studienausgaben erschienen (vgl. ebenda). Weitere Studienausgaben und Übersetzungen in anderen Sprachen sollen folgen.

Diese Textrekonstruktion wurde im IQP, das 1989 von James M. Robinson (Institute for Antiquity and Christianity, Claremont, CA) und John S. Kloppenborg Verbin (University of Toronto) initiiert wurde, in den Jahren 1989 bis 1996 von 47 Wissenschaftlern in Nordamerika und Europa erarbeitet (vgl. die Namensliste in der *Critical Edition*, XVII). Seit 1992 beteiligte sich unter Leitung von Paul Hoffmann die *Deutsche Arbeitsstelle des IQP* am Bamberger Neutestamentlichen Lehrstuhl an dem Projekt – gefördert durch den

Deutschen Akademischen Austauschdienst und die Deutsche Forschungsgemeinschaft. Die Erstfassung der Q-Rekonstruktion wurde im *Journal of Biblical Literature* (1990–1995.1997) veröffentlicht. 1995–1999 haben dann die drei Hauptherausgeber J.M. Robinson, P. Hoffmann und J.S. Kloppenborg Verbin im Auftrag des IQP diese Textfassung abschließend für die Veröffentlichung überarbeitet. (Die in den letzten Jahren erschienenen deutschen Übersetzungen – vgl. die Bibliographie am Ende dieses Buches – beruhten teils auf der im *JBL* erschienenen Rekonstruktion des IQP, teils auf vorläufigen Fassungen der *Critical Edition of Q*.)

Ziel des Projekts war, auf der Grundlage der bisherigen Q-Forschung und in kritischer Auseinandersetzung mit ihr eine Textrekonstruktion zu schaffen, die die Basis für die weitere Diskussion bildet. Die für die Arbeitstreffen erstellten Forschungsdokumentationen zu den einzelnen Q-Abschnitten werden seit 1996 in der Reihe *Documenta Q: Reconstructions of Q Through Two Centuries of Gospel Research – Excerpted, Sorted and Evaluated* im Verlag Peeters (Leuven, Belgien) veröffentlicht (vgl. die Bibliographie am Ende dieses Buches). Hier werden die einzelnen Textentscheidungen detailliert begründet. Seit 2001 gehört Joseph Verheyden (Leuven, Belgien) dem Kreis der Hauptherausgeber an.

Der griechische Text von Q folgt der Rekonstruktion der *Critical Edition of Q*. Die deutsche Übersetzung wurde für diese Ausgabe von Paul Hoffmann zusammen mit Christoph Heil überarbeitet. Walter Radl (Augsburg) danken wir für einige Übersetzungsvorschläge, Klaus Döring, dem Gräzisten der Universität Bamberg, für die ausführliche Diskussion der vorliegenden Übersetzung.

Um einen Einblick in die unterschiedliche Rezeptionsgeschichte der in Q erhaltenen Jesustradition im frühen Christentum zu geben, enthält diese Studienausgabe neben dem Q-Text auch die von Q unabhängigen Doppelüberlieferungen aus dem Markus- und Thomasevangelium mit deutscher Übersetzung. Die drei griechischen Papyri des Thomasevangeliums (P.Oxy. 1, 654 und 655) werden mit griechischem Text und deutscher Übersetzung zitiert. Die Sprüche, die allein in der koptischen Version des Thomasevangeliums überliefert sind (Nag Hammadi Codex II,2), werden nur in Übersetzung geboten. Um den Umfang des Bandes zu begrenzen, wurde im Unterschied zur *Critical Edition* auf die Aufnahme der Matthäus- und Lukasparallelen verzichtet. Wer speziell an den Rekonstruktionsfragen interessiert ist, kann diese mit Hilfe der *Critical Edition* oder einer Synopse leicht nachvollziehen. Während die wissenschaftliche Forschung auf die große *Critical Edition* angewiesen bleibt, möchte die vorliegende Studienausgabe den rekonstruierten Q-Text und dessen Übersetzung der interessierten Öffentlichkeit zugänglich machen.

Der griechische Text der Parallelen aus dem Markusevangelium ist der 27. Auflage des „Nestle–Aland" (Stuttgart ^{27}1993) entnommen. Der Deutschen Bibelgesellschaft sei für die Abdruckrechte gedankt. Die deutsche Übersetzung stammt von Paul Hoffmann unter Mitarbeit von Klaus Döring und Christoph Heil.

Der griechische und deutsche Text der Parallelen aus dem Thomasevangelium folgt – wie in der *Critical Edition of Q* – der Edition des Berliner Arbeitskreises für Koptisch-Gnostische Schriften unter Federführung von Hans-Gebhard Bethge. Man vergleiche die Synopsis quattuor Evangeliorum ^{15}1996, 517-546 und Nag Hammadi Deutsch 1, 164-181 (vgl. die Bibliographie am Ende dieses Buches). In diesen Publikationen finden sich auch philologische Fußnoten zum Thomasevangelium, die in der vorliegenden Ausgabe weggelassen wurden. Brieflich teilte Prof. H.-G. Bethge eine neue Fußnote zu EvThom 35,2 (bei Q 11,⟦21f⟧) mit (siehe dort).

Die Einleitung zu dieser Studienausgabe wurde von Christoph Heil verfasst; Hinweise und Anregungen dazu haben Paul Hoffmann und James M. Robinson beigesteuert.

Der von Paul Hoffmann erstellte Anmerkungsteil informiert über Textentscheidungen, die bei den Hauptherausgebern umstritten waren oder von den Entscheidungen des IQP abweichen.

Die Konkordanz wurde von John S. Kloppenborg Verbin erstellt und von Paul Hoffmann überarbeitet und der deutschen Übersetzung des Q-Textes angepasst.

Lothar Wehr, dem Inhaber des Lehrstuhls für Neutestamentliche Wissenschaften an der Universität Bamberg, danken wir, dass wir die Arbeitsmöglichkeiten des Lehrstuhls weiterhin nutzen konnten. Bei der Herstellung des Manuskripts unterstützten uns Ulrich Bauer, Irene Loch, Matthias Merdan und Cornelia Klupp.

Der Wissenschaftlichen Buchgesellschaft und dem Verlag Peeters (Leuven) danken wir für die gute Zusammenarbeit.

Bamberg, im Mai 2002 Paul Hoffmann und Christoph Heil

Einleitung

von Christoph Heil

1. Die Entwicklung der Q-Hypothese[1]

Die durch die Kritik der Aufklärung am kirchlichen Christentum ausgelöste Diskussion über die Entstehung der synoptischen Evangelien[2] fand in der Zweiquellentheorie eine die weitere Forschung bestimmende Lösung. 1835 legte der Philologe K. Lachmann das Fundament mit der Begründung der Markus-Priorität: Das Markusevangelium stehe der vorausgehenden Überlieferung noch am nächsten und habe sie relativ rein bewahrt. Der Philosoph C.H. Weiße erkannte dann 1838 als erster, dass Matthäus und Lukas in den Abschnitten, in denen sie *unabhängig von Markus* miteinander übereinstimmen, neben Markus eine *zweite* Quelle verarbeiteten.[3] Mit Bezug auf Bischof Papias von Hierapolis, der in die ersten Jahrzehnte des zweiten Jahrhunderts datiert wird, wurde diese zweite Quelle zunächst als Sammlung von aramäischen[4] Jesus-Aussprüchen (*lógia*) verstanden. Denn von Papias wird folgendes Fragment überliefert: „Matthäus hat die Logien also in ‚hebräischer' Sprache zusammengestellt; es übersetzte sie ein jeder aber, so gut er es vermochte."[5] Heute hat sich die Einsicht durchgesetzt, dass Papias mit den *lógia* eine von

[1] Zur Geschichte der Q-Forschung vgl. Heil, Q-Rekonstruktion; Kloppenborg Verbin, Excavating Q, 271-352; J.M. Robinson, History of Q Research, in: Critical Edition of Q, XIX-LXXI; Schmithals, Einleitung, 182-335.384-404.

[2] Bedeutsam wurde hier die Veröffentlichung des Reimarus-Fragments „Von dem Zwecke Jesu und seiner Jünger" durch Lessing (Wolffenbüttel 1778).

[3] In Auseinandersetzung mit der Kritik von Strauß, Leben Jesu, sah Weiße, dass zur „Herstellung des geschichtlichen Christusbildes" das Verhältnis der synoptischen Evangelien zueinander geklärt werden müsse.

[4] Die These einer aramäischen Grundfassung von Q ist heute weithin aufgegeben. Vgl. Kloppenborg, Formation, 51-64; ders., Excavating Q, 72-80; Robinson, History of Q Research, XXX-XXXIII.

[5] Eusebius, Kirchengeschichte III 39,16.

ihm angenommene aramäische Urfassung des kanonischen Matthäusevangeliums meinte, nicht eine aramäische Quelle dieses Evangeliums. Bis weit ins 20. Jahrhundert hinein wurde jedoch unter diesen „Matthäus-Logien" eine Quelle des Matthäus verstanden[6] – ein kreativer Irrtum! So verwendete etwa H.J. Holtzmann das Siglum Λ als Abkürzung von *lógia*. Mit seinem Buch *Die synoptischen Evangelien, ihr Ursprung und geschichtlicher Charakter* verhalf er der Zweiquellentheorie 1863 zu breiter und dauerhafter Akzeptanz – vor allem gegen die Tübinger Schule, die die Griesbach-Hypothese favorisierte, wonach von Matthäus als erstem Evangelium Lukas abhängig sei, Markus wiederum von Matthäus und Lukas.[7]

J. Weiß hat 1890 als erster das Siglum „Q" für die „zweite Quelle" verwendet,[8] die er allerdings in seinen Publikationen sonst meist „Redenquelle" oder „Logia" nannte. 1899 begründete P. Wernle in seinem Buch *Die synoptische Frage* die heutige Konvention: „Die – hypothetische – Quelle sei mit Q bezeichnet."[9]

2. Das Wesen des Christentums: Die Worte Jesu aus Q, dem Markusevangelium oder die Christusverkündigung des Paulus?

Die erste vollständige Rekonstruktion von Q legte 1907 A. v. Harnack vor.[10] Nachdem es seit W. Wredes 1901 veröffentlichtem Buch *Das Messiasgeheimnis in den Evangelien* unmöglich war, das Markus-

[6] Dieses Verständnis geht zurück auf Schleiermacher, Zeugnisse. Vgl. Kloppenborg, Formation, 51-54; Robinson, History of Q Research, XX-XXXIII.

[7] Es ist hier nicht der Ort, die heutigen Gegner der Q-Hypothese und ihre Argumente (z.B. die *minor agreements*) darzustellen, vgl. Robinson, History of Q Research, LXVII Anm. 156. Hier kann nur auf wichtige Verteidigungen der Q-Hypothese hingewiesen werden, vgl. Broer, Einleitung, 54-60; Catchpole, Quest, 1-59; Conzelmann / Lindemann, Arbeitsbuch, 67-74. 76-83; Kloppenborg Verbin, Excavating Q, 11-111; Schnelle, Einleitung, 182-187. 196-200; Tuckett, Q, 1-39; Bauer, Problem.

[8] Weiß, Verteidigung, 557. Vgl. Neirynck, Symbol Q; ders., Once More.

[9] Wernle, Frage, 44.

[10] Harnack, Sprüche.

evangelium als direkten, ungefilterten Zugang zum historischen Jesus zu verwenden, sah Harnack in den - meist aus Q stammenden - Jesusworten das „Wesen des Christentums" enthalten.[11] Dagegen plädierte vor allem J. Wellhausen in seiner *Einleitung in die drei ersten Evangelien* (1905, ²1911) für die Priorität des Markus - und damit dessen ausgeprägter Christusverkündigung, des Kerygmas - gegenüber Q.[12]

Einen weiteren Aufschwung verzeichnete die Q-Forschung zwischen den Weltkriegen. Vor allem die deutsche und die britische Exegese produzierte bis heute maßgebliche, wichtige Beiträge.[13] Hier wurde Q zumeist jedoch als eine die Christus-Verkündigung bloß ergänzende Sammlung von Jesusworten angesehen.[14] Das in den Paulusbriefen enthaltene Kerygma wurde als zentral erachtet, zu dem Q nicht mehr als einige Punkte für die ethische Ermahnung in Predigt und Katechese beitrug.

3. Q als eigenständiger Strang frühchristlicher Verkündigung

Dieser Konsens änderte sich radikal seit der bei G. Bornkamm - einem der Begründer der redaktionsgeschichtlichen Methode - entstandenen Dissertation von H.E. Tödt: *Der Menschensohn in der synoptischen Überlieferung*. Mit dieser 1959 erschienenen Arbeit setzte sich die Einsicht durch, dass Q einen *eigenen* kerygmatischen Entwurf voraussetzt. Die in Q weitergegebene Jesus-Überlieferung unterscheidet sich charakteristisch von der des antiochenisch-paulini-

11 Vgl. Harnack, Wesen.

12 Wellhausen, Einleitung, 1905, 87 f. (ähnlich ²1911, 78 f.).

13 Man denke etwa an Streeter, Four Gospels, und Manson, Sayings, sowie an Bultmann, Spruchquelle; ders., Geschichte, und den Münchener katholischen Neutestamentler Schmid, Matthäus und Lukas.

14 Vgl. Dibelius, Formgeschichte, 234-236. 244f (vgl. Robinson, History of Q Research, XLIII-XLV). Ähnlich schon Wernle, Frage, 228-233, aber auch Manson, Sayings, 15-20. Dibelius und Jeremias, Hypothese, halten Q gar nicht für eine eigene Schrift, sondern für eine Traditionsschicht. Bornkamm, Evangelien, 756, betont zwar auch die Nähe zur mündlichen Tradition, hebt aber bereits (wie sein Schüler Tödt) die theologische Eigenständigkeit dieses Traditionsstrangs hervor, ebda., 758-760.

schen Traditionsbereichs und ermöglicht den Zugang zu Geschichte und Theologie der frühen palästinischen Jesus-Bewegung. Der Quellenwert dieses judenchristlichen Dokuments erklärt auch das wachsende Interesse an Q in der internationalen Forschung.

Ausgehend von der Beobachtung, dass Q ein eigenes Kerygma und eine eigene Theologie enthielt, war der Weg auch frei für eine Analyse von Tradition und Redaktion in Q selbst. O.H. Steck hatte in seiner Dissertation von 1965 die These vertreten, dass das deuteronomistische Geschichtsbild in Q zwar nicht thematisch dargeboten, aber im Hintergrund der Darstellung als der umfassende Vorstellungsrahmen vorausgesetzt werde.[15] Die redaktionsgeschichtlichen Arbeiten von R.A. Edwards, P. Hoffmann, D. Lührmann und A. Polag, die alle im Jahr 1968 abgeschlossen wurden, führten diesen Ansatz weiter, indem sie ihr Augenmerk auf die Q bestimmende theologische Konzeption, ihre soziohistorische Verortung und ihre Stellung innerhalb der Frühgeschichte des Christentums richteten.[16] Trotz Fortschritten in Einzelaspekten werden diese Probleme weiterhin kontrovers diskutiert – nicht zuletzt auch innerhalb des IQP!

4. Struktur von Q

Q kann wie folgt gegliedert werden:[17]

A. Johannes, der Täufer, und Jesus von Nazara (Q 3,2–7,35)
   - Die Botschaft des Johannes (Q 3,2b-17)
   - Taufe und Bewährung Jesu (Q 3,21f; 4,1-13)
   - Jesu programmatische Rede (Q 4,16; 6,20-49)
   - Der Glaube eines Heiden an Jesu Wort (Q 7,1-10)
   - Johannes, Jesus und die Kinder der Weisheit (Q 7,18-35)

B. Die Boten des Menschensohnes (Q 9,57–11,13)
   - Radikale Nachfolge (Q 9,57-60)
   - Missionsinstruktion (Q 10,2-16)
   - Das Geheimnis des Sohnes (Q 10,21-24)
   - Das Gebet der Jünger (Q 11,2b-4.9-13)

[15] Steck, Israel, bes. 286.

[16] Edwards, Sign; Hoffmann, Studien; Lührmann, Redaktion; Polag, Christologie.

[17] Zur Begründung vgl. Hoffmann, Mutmaßungen.

C. Jesus im Konflikt mit dieser Generation (Q 11,14-52)
   Zurückweisung des Beelzebul-Vorwurfs (Q 11,14-26)
   Die Ablehnung der Zeichenforderung (Q 11,16.29-35)
   Androhung des Gerichts (Q 11,39-52)
D. Die Jünger in Erwartung des Menschensohnes (Q 12,2–13,21)
   Bekenntnis zu Jesus ohne Furcht (Q 12,2-12)
   Sucht die Königsherrschaft Gottes (Q 12,33f.22b-31)
   Das unerwartete Kommen des Menschensohnes (Q 12,39-46.49-59)
   Zwei Gleichnisse von der Königsherrschaft Gottes (Q 13,18-21)
E. Die Krisis Israels (Q 13,24–14,23)
F. Die Jünger in der Nachfolge Jesu (Q 14,26–17,21)
G. Das Ende (Q 17,23–22,30)
   Der Tag des Menschensohnes (Q 17,23-37)
   Das Gleichnis vom anvertrauten Geld (Q 19,12-26)
   Ihr werdet die zwölf Stämme Israels richten (Q 22,28.30)

5. Literarische Entstehung von Q

Die Unterscheidung von Tradition und Redaktion in Q (vgl. oben Abschnitt 3) führte zu verschiedenen Versuchen, die literarische Entstehung von Q zu beschreiben: Nach S. Schulz[18] stand am Anfang der Entstehung von Q die Verkündigung der Q-Gemeinde des palästinisch-syrischen Grenzraumes. Sie sei gekennzeichnet gewesen von nachösterlichem Enthusiasmus, charismatisch-eschatologischer Toraverschärfung und der prophetischen Botschaft vom nahen Schöpfergott. Diese Q-Traditionen seien neu interpretiert und ergänzt worden vom stärker hellenistischen Kerygma der jüngeren Q-Gemeinde Syriens, das durch folgende Schwerpunkte gekennzeichnet gewesen sei: der irdische Jesus, die Parusieverzögerung, das Gericht über Israel, die Heimholung von Zöllnern und Sündern sowie Jesusnachfolge und Gemeinde. A.D. Jacobson unterscheidet in Q eine „Kompositionsebene“, eine von deuteronomistischer Theologie

[18] Schulz, Q, 47-53.

geprägte „Zwischenebene“ und die Schlussredaktion.[19] M. Sato postuliert eine „sukzessive Fortgestaltung“ von „Redaktion A“ (Q 3,2–7,28) über „Redaktion B“ (Q 9,57–10,24) bis hin zur „nicht leicht fassbaren Schicht“ der Redaktion C (Q 7,31-35; 11,14-32.39-52; 13,23-35; 17,23-37).[20]

Der bedeutendste Entwurf eines literarischen Schichtenmodells von Q stammt von J.S. Kloppenborg Verbin, der am Beginn der Entwicklung von Q sechs paränetische Instruktions-Reden sieht:[21]

Q 6,20b-23b.27-35.36-45.46-49
Q 9,57-60(.61f); 10,2-11.16(.23f?)
Q 11,2-4.9-13
Q 12,2-7.11f
Q 12,22b-31.33-34(; 13,18-21?)
Q 13,24; 14,26f; 17,33; 14,34f

Diese sechs Spruchgruppen seien redaktionell erweitert worden durch Spruchgruppen mit Gerichtsmotiven, Polemik gegen „diese Generation“ und ein deuteronomistisches Geschichtsverständnis:

Q 3,(2f.)7-9.16b-17
Q 7,1-10.18-28.31-35
Q 11,14f.16.17-26(.27f.)29-32.33-36.39b-44.46-52
Q 12,39f.42b-46.49.50-53.54-59
Q 17,23f.37b.26-30.34f; 19,12-27; 22,28-30

Auf einer ziemlich späten, dritten Redaktionsstufe seien biographisierend die Versuchungsgeschichte Q 4,1-13 sowie die beiden Tora-Logien Q 11,42c und Q 16,17 eingefügt worden.[22]

[19] Jacobson, First Gospel, 251-255 und *passim*.

[20] Sato, Q und Prophetie, 33-46.

[21] Zuletzt Kloppenborg Verbin, Excavating Q, 143-153. Schon Zeller, Mahnsprüche, 191, benannte folgende Q bereits vorgegebene Spruchkomplexe: (1) Q (6,20-23.)29f.31.27f.35c-d.34.36-38.41f(.43-49); (2) Q 10,2-8a.9-11a.12(+16?); (3) Q 11,(2-4?)9-13; (4) Q 12,(2f)4-7.8f.(10); (5) Q 12,22b-31.33f; (6) Q 12,(35-37?)39f.42-46; (7) 17,23.37.26f.30.34f.

[22] Zustimmung zu diesem Modell signalisierten u.a. Arnal, Jesus, 4-8; Crossan, Birth, 249-252; Ebner, Jesus, 31-33; Kristen, Familie, 18-21; Robinson, History of Q Research, LXI-LXV. Zur Kritik vgl. Hoffmann, Tradition, 268f; ders., Mutmaßungen; Horsley / Draper, Whoever Hears You; Schröter, Erinnerung; ders., Jesus, 105-117; Tuckett, Q and the History of Early Christianity; Zeller, Grundschrift. Varianten des Modells von Kloppenborg Verbin bieten Jacobson, First Gospel; Kirk, Composi-

Um einen grundlegend weisheitlichen Charakter von Q zu erweisen, wird meist auch auf die formale Verwandtschaft zum Thomasevangelium hingewiesen.[23] Analogien bestehen jedoch nicht nur zur antiken Weisheit, sondern auch zu Prophetie und Apokalyptik, und so lässt sich die Q-Tradition nicht eindeutig dem einen oder anderen Bereich zuordnen.[24]

Größerer Konsens besteht darin, dass bei der Überlieferung der Sprüche und kleineren Sammlungen in Q mit „wechselnden Sitzen im Leben" zu rechnen ist:[25] Man muss etwa eine Situation im Leben Jesu von der Situation der die Q-Stoffe weitergebenden judenchristlichen Wanderprediger in Galiläa unterscheiden. Davon wäre ferner der Kontext sesshafter Q-Leute und dann die Situation der Großevangelien des Matthäus und Lukas abzuheben. Manche literarische Unebenheiten in den Q-Stoffen lassen sich wohl auf diese „wechselnden Sitze im Leben" zurückführen.

6. Gattung(en) von Q

Folgende Vorschläge zur Gattungsbestimmung von Q werden diskutiert:[26] J.M. Robinson hat Q den *Worten der Weisen* zugeord-

tion; Mack, Lost Gospel; Vaage, Galilean Upstarts. Unentschieden bleibt Piper, Wisdom, der jedoch ähnlich wie Kloppenborg Verbin davon ausgeht, dass in Q weisheitliche Spruchsammlungen redaktionell mit Prophetie verbunden worden sind.

23 In diesem Kontext steht auch die jüngste Debatte um den Vergleich von Q 12,22b-31 und der griechischen Version von EvThom 36 in P.Oxy. 655, vgl. Robinson / Heil, Zeugnisse; Robinson, The Pre-Q Text; Robinson / Heil, Lilies; dies., Noch einmal; dies., P.Oxy. 655; Schröter, Vorsynoptische Überlieferung; ders., Rezeptionsprozesse; ders., Verschrieben?; Porter, P.Oxy. 655; Gundry, Spinning.

24 Zum Verhältnis von Weisheit und Prophetie in Q und im Frühjudentum vgl. besonders Kloppenborg Verbin, Excavating Q, 379-398; Küchler, Logien Jesu, 71.102-105.110-112; Piper, Wisdom, 178-184.

25 Zeller, Redaktionsprozesse.

26 Vgl. Heil, Lukas und Q, §§ 25 und 26.

net.[27] Ähnlich nennt J.S. Kloppenborg Q eine *Instruktion*.[28] Demgegenüber versteht M. Sato Q als *Prophetenbuch*.[29]

Mit der Gattungsfrage ist meist die Frage verbunden, welche Konzeption die grundlegende Tradition in Q bestimmte: Steht in Q die weisheitliche Mahnung im Dienst prophetisch-apokalyptischer Heils- und Gerichtspredigt? Oder ist es umgekehrt? Während die Q-Tradition in Europa vor allem von prophetisch-apokalyptischen Voraussetzungen her gedeutet wird,[30] betont man in Nordamerika den weisheitlichen Charakter.[31]

Angesichts der heutigen Zuspitzung der Gattungsfrage von Q auf die Alternative „Weisheit – Prophetie" muss daran erinnert werden, dass sich in Q – wie im Frühjudentum überhaupt – Prophetie und Weisheit nicht ausschließen.[32] Auf dieser Grundlage zeichnet sich

[27] Robinson, LOGOI SOPHON; ders., Bridging. Vgl. zuvor Bultmann, Geschichte, 73-113 („Logien [Jesus als Weisheitslehrer]"). Schon für Bultmann (ebda., 112) gilt es, „die synoptischen Logien im Zusammenhang mit der jüdischen ‚Weisheit' zu verstehen und damit zu rechnen, dass sie zum Teil aus ihr entnommen sein können". Robinson folgend Koester, Q; ders., Gospels. Zur Kritik vgl. Tuckett, Q and Thomas.

[28] Kloppenborg, Formation; ders., Excavating Q, 143-165. In Excavating Q, 379-398, betont Kloppenborg nun die eschatologische und prophetische Qualifizierung der Weisheit in Q.

[29] Sato, Q und Prophetie; ders., Q: Prophetie oder Weisheit?; ders., Wisdom Statements. Ähnlich sieht Horsley (*Logoi Prophētōn?*) Q zur Gattung „Worte der Propheten" gehörend. Zur Kritik an Sato vgl. Kloppenborg Verbin, Excavating Q, 136-143; Robinson, Logienquelle; Steck, Prophetenbücher, 24 Anm. 36.

[30] Vgl. u.a. Steck, Israel; Hoffmann, Studien; Zeller, Grundschrift, 401; Sato, Q und Prophetie; ders., Q: Prophetie oder Weisheit?; Tuckett, Q, 325-354. Lührmann (Redaktion) spricht sowohl von einer „‚Reapokalyptisierung' der Verkündigung Jesu in Q" (94), als auch davon, dass in Q Elemente der Apokalyptik und der Weisheit „sowohl im verarbeiteten Material als auch in der Redaktion zur Wirkung kommen" (103).

[31] Robinson, LOGOI SOPHON; ders., Logienquelle; Koester, Gospels, 128-171; ders., Introduction II, 47.152f; Kloppenborg, Formation; ders., Excavating Q, 112-165; Ebner, Jesus; Kirk, Composition.

[32] Vgl. Kloppenborg Verbin, Excavating Q, 379-398. Schon Bultmann (Geschichte, 73-138) teilt das Q-Material wesentlich in „Logien (Jesus als Weisheitslehrer)" und „Prophetische und apokalyptische Worte" auf,

möglicherweise ein Konsens ab: Einerseits werden die weisheitlichen Elemente in Q redaktionell eschatologisch und prophetisch qualifiziert, andererseits werden eschatologische und prophetische Elemente in Q weisheitlich illustriert.

Unter den weiteren Vorschlägen zur Gattungsbestimmung von Q ist die These F.G. Downings zu erwähnen, wonach Q auf antike hellenistische Leserinnen und Leser wie eine *Biographie eines kynischen Lehrers* gewirkt habe.[33]

Angesichts der schwierigen Gattungsbestimmung lassen manche die Frage offen. Für M. Frenschkowski etwa ist Q ein „gattungsgeschichtliches Patch-work aus weisheitlichen, didaktischen, pneumatischen, apokalyptischen Elementen, ohne völlig aus der Kontinuität zu vorfindlichen Gattungen erklärt werden zu können."[34]

Schließlich ist dennoch eine Bezeichnung für Q zu wählen. Meist firmiert Q als „Logienquelle", „Spruchquelle" oder „Rede(n)quelle". Aufgrund der Tendenz der Q-Redaktion zur Biographisierung und aufgrund der Eigenständigkeit des Q-Dokuments, das nicht als „Quelle" konzipiert wurde, erscheint die Bezeichnung „Spruchevangelium" für Q nicht unangemessen.[35]

ohne Q von einer Gattung allein bestimmt sein zu lassen. Ähnlich Piper, Wisdom, 178-184. Vgl. auch das Nebeneinander von Weisheit (Salomo) und Prophetie (Jona) in Q 11,31f.

33 Downing, Quite Like Q; ders., Genre. Dagegen Tuckett, A Cynic Q? Neben Downing postulieren auch andere Autoren eine Nähe der Q-Tradition zum Kynismus, z.B. Mack, Lost Gospel; Vaage, Galilean Upstarts; ders., Q and Cynicism. Der Vergleich von Q mit dem Kynismus hat jedoch weniger historischen als hermeneutisch-heuristischen Wert, vgl. zusammenfassend Kloppenborg Verbin, Dog; ders., Excavating Q, 184-188, 420-444.

34 Frenschkowski, Q-Studien, Kap. III.3; ders., Kenntnisse.

35 Vgl. Robinson, Sayings Gospel Q; Kloppenborg Verbin, Excavating Q, 398-408; Hoffmann, Mutmaßungen, 288. Gegen Frenschkowski, Q-Studien, Kap. III.11.

7. Verfasser bzw. Bearbeiter und Adressaten von Q

Die Q zugrunde liegende Überlieferung wurde zuerst von Wanderpredigern in Galiläa weitergetragen (vgl. bes. Q 10,2-12).[36] G. Theißen bezeichnete sie als „charismatische Wanderradikale", ähnlich P. Hoffmann als charismatische Wanderprediger mit einem pazifistischen, antizelotischen Programm.[37] Das Spezifische ihrer Botschaft ist die Nähe der Herrschaft Gottes (Q 10,9; vgl. Q 6,20; 11,20; 13,18-21; 16,16). Sie konnten glaubhaft das radikale Ethos Jesu vertreten: Heimatlosigkeit (Q 9,58), Familiendistanz (Q 9,60f; 14,26; 12,51.53), Besitzkritik (Q 6,20f; 12,22b-31; 16,13) und Gewaltlosigkeit. Diese wird vor allem in der Feindesliebe deutlich (Q 6,27f.35c-d), die eine auf Gott vertrauende Wehrlosigkeit und Friedensbereitschaft zeigt, die sicher nicht ohne politische Aussage waren.

Eine planvolle Heidenmission ist in Q nicht zu erkennen, Q richtete sich also an Juden (vgl. unten Abschnitt 9.2). An sie verkündeten die „Q-Boten" die Worte Jesu weiter. „Da Jesus selbst ein Wanderprediger gewesen ist, bilden die urchristlichen Wandercharismatiker eine gewisse Garantie dafür, dass uns seine Worte in seinem Geist erhalten sind."[38]

Der Übergang von der freien Wandermission zur Bildung einer sesshaften Gemeinde[39] veranlasste nach G. Theißen die Endredaktion von Q.[40] T. Schmeller, J.S. Kloppenborg Verbin und dessen Schüler W.E. Arnal nehmen diesen Wechsel nicht an, sondern gehen davon aus, dass Wandermission und sesshafte Gemeinden nebeneinan-

[36] Zu sozialgeschichtlichen Aspekten des Tradentenkreises bzw. der „Q-Gruppe" vgl. Kloppenborg, Opinion; ders., Literary Convention; ders., Excavating Q, 166-263.

[37] Theißen, Studien, 79-105; Hoffmann, Tradition, 193-207 (204: „Im Rückgriff auf das Beispiel Jesu wird begründet, warum sich die Jünger Jesu am messianischen Krieg gegen Rom nicht beteiligten"). Nach Hengel (Nachfolge; hier allerdings nicht auf Q insgesamt bezogen) hat vor allem Hoffmann, Studien, 312-331, den Charisma-Begriff des Soziologen M. Weber († 1920) erhellend auf die Q-Prediger angewendet.

[38] Theißen, Das Neue Testament, 28.

[39] Vgl. den in Q 10,6 erwähnten „Sohn des Friedens".

[40] Theißen, Studien, 79-105; ähnlich Hoffmann, Mutmaßungen, 287f.

der bestanden.[41] Nach Kloppenborg Verbin und Arnal wurden schon die frühesten in Q erkennbaren Spruchkomplexe von dörflichen Schriftgelehrten in Galiläa abgefasst – und weiter bearbeitet.[42]

8. Zeit, Ort und Zweck der Endredaktion von Q

Q enthält zwar alte Traditionen der galiläischen Jesusanhänger, wurde aber wahrscheinlich erst während des Jüdischen Krieges endgültig zusammengestellt.[43] Q 13,35 fügt sich nämlich in die durch Josephus (Bell. 2,539; 5,412; 6,299), Tacitus (Hist. V 13,1) und der syrischen Baruchapokalypse (8,1f) bezeugte Tradition ein, dass bei der Zerstörung des Tempels Gott sein Haus verlassen hat. Q 13,35 ist also entweder eine echte Prophetie kurz vor 70 n. Chr., oder das Logion blickt wie Josephus, Tacitus und der Autor der syrischen Baruchapokalypse auf dieses Ereignis zurück. Da Q 13,34f der redaktionellen Schicht von Q zugerechnet werden muss, die das Scheitern der Mission der Q-Gruppe in Israel und die Ausbildung einer eigenen Gemeinde voraussetzt,[44] ergibt sich für die Datierung der Endredaktion von Q die Zeit um 70 n. Chr. Nun – etwa 40 Jahre nach dem Tod Jesu – starben die Augenzeugen aus, und die mündlichen Überlieferungswege waren gefährdet.

[41] Schmeller, Brechungen, 93-98; Kloppenborg Verbin, Excavating Q, 166-213; Arnal, Jesus.

[42] Kloppenborg Verbin, Excavating Q, 200f; Arnal, Jesus.

[43] Hoffmann, Tradition, 278; Heil, Lukas und Q, § 2. So auch Lindemann: „kurz vor der Zerstörung Jerusalems 70 n. Chr." (Conzelmann / Lindemann, Arbeitsbuch, 82f); Myllykoski, Social History, bes. 178-180.199 („presumably around 75 C.E."). Gegen Lührmann, Redaktion, 88 („in der hellenistischen Gemeinde etwa der 50er oder 60er Jahre"); Schnelle, Einleitung, 201 („zwischen 40 und 50 n.Chr."); Theißen, Lokalkolorit, 244 („am ehesten in die 40er Jahre datieren"); Theißen / Merz, Jesus, 45 („sicher *vor dem jüdischen Krieg* und der Tempelzerstörung"); Roloff, Jesusforschung, 25 („das Jahrzehnt zwischen 40 und 50"). Vgl. auch Luz, Matthäus III, 370 Anm. 18: „im Vorfeld des Jüdischen Kriegs?".

[44] Dies erklärt teilweise die krasse Polemik gegen Israel in Q (vgl. unten Abschnitt 9.2).

Der Ort der in Q verarbeiteten Traditionen ist eindeutig Galiläa. Stammt jedoch auch die Q-Endredaktion von hier? Nicht wenige bejahen diese Frage.[45] Andere lassen die These J. Wellhausens wiederaufleben, Q sei in Jerusalem zusammengestellt worden.[46]

Da sich die in Q artikulierenden Jesusanhänger jedoch nicht am Krieg gegen die Römer beteiligt haben und wahrscheinlich während bzw. nach der römischen Invasion 67 n. Chr. aus Galiläa geflohen sind,[47] fand die Endredaktion von Q wohl im südlichen syrischen Raum statt[48] - vielleicht in den Landschaften, die dem Tetrarch Philippus († 34 n.Chr.) unterstanden und dann zum Gebiet des römischen Vasallenkönigs Agrippa II. († ca. 92/93 n.Chr.) gehörten: Gaulanitis, Batanäa, Trachonitis und Auranitis. Wenn an Städte als Entstehungsort für die Endfassung von Q gedacht werden kann, kommen Caesarea Philippi (die Hauptstadt des Reiches von Agrippa II.), das zur Provinz Syrien gehörende Damaskus[49] oder vielleicht auch

[45] Arnal, Jesus; Crossan, Birth, 239.336.344.415; Horsley / Draper, Whoever Hears You, 46 und passim; Kloppenborg Verbin, Excavating Q, 171-175; Koester, Gospels, 164f (zurückhaltend); Reed, Archaeology; Schnelle, Einleitung, 200 („vermutlich in [Nord-] Palästina"); Theißen, Lokalkolorit, 232-245.

[46] Wellhausen, Einleitung, 1905, 88 (= ^{2}1911, 79) [vgl. Robinson in: Critical Edition of Q, XXXIX mit Anm. 68]; Frenschkowski, Q-Studien, Kapitel III.9; ders., Galiläa; B.A. Pearson, A „Q Community" in Galilee? Vortrag in der „Q Section" der Society of Biblical Literature, Denver 2001.

[47] Die Römer eroberten Galiläa im Sommer 67 n. Chr.; bis November 67 n. Chr. war der galiläische Widerstand gebrochen. Mit der (wahrscheinlichen) Flucht der Jesusanhänger aus Galiläa 67 n. Chr. endet die kurze Geschichte der dortigen Jesusbewegung. Bis weit ins 4. Jh. n. Chr. gibt es keine christlichen Zeugnisse in Galiläa, vgl. Horsley, Galilee, 104-106.

[48] Vgl. Hoffmann, Tradition, 278. Lührmann sieht Q im „syrischen Raum" abgefasst (Redaktion, 88), begründet dies aber mit Q 10,21f, einem Text, der auf die „griechisch sprechende hellenistische Gemeinde" zurückgehe (85), sowie mit der von ihm für Q vorausgesetzten Heidenmission (86). Nach Schulz (Q, 481) stammen die „jüngeren, hellenistisch-judenchristlichen Q-Stoffe" aus „Transjordanien-Dekapolis".

[49] Seit 62 n. Chr. unter römischer Verwaltung stehend, hatte Damaskus unter den syrischen Städten eine der größten jüdischen Bevölkerungen. Schon vor Paulus bestand dort eine judenchristliche Gemeinde (vgl. Gal

Betsaida-Iulias (vgl. Q 10,13)[50] in Frage. In allen genannten Landschaften und Städten gab es starke jüdische Minderheiten,[51] und die rabbinische Tradition zählte diese Gebiete zum „Land Israel", in dem die rabbinischen Gesetze ohne Einschränkung galten.

9. Zur Theologie von Q

Wie H.E. Tödt in seiner Dissertation[52] zuerst erkannte, vertritt Q einen *eigenständigen* theologischen Entwurf (s.o. Abschnitt 3).

9.1 Die Deutung Jesu in Q

Q beginnt mit der Botschaft des *Johannes* (Q 3,2b-17) und dessen Ankündigung des „Kommenden" (Q 3,16b-17).[53] Während Johannes wahrscheinlich Gottes Kommen erwartete, wird diese Ankündigung

1,17; 2 Kor 11,32f; Apg 9,1f), und auch nach dem Jüdischen Krieg gab es hier wohl eine größere Zahl Griechisch sprechender Judenchristen.

50 Zunächst ein Fischerdorf am nördlichen Ufer des Sees Gennesaret, östlich des Jordans, gehörte es zur Tetrarchie des Philippus. Dieser benannte den Ort 30 n. Chr. zu Ehren der Tochter des Augustus in Iulias um. Das Dorf Betsaida wurde zur Stadt ausgebaut. Nach den Kämpfen zu Beginn des Jüdischen Kriegs (66/67 n. Chr.) wurde der Ort von den Bewohnern verlassen, aber schon bald wieder besiedelt. Im Jahr 77 n. Chr. wird Iulias von Plinius d.Ä. als eine der bedeutenden Städte am See von Galiläa bezeichnet (Naturkunde V 15,71). Außerdem wurden in einem einzelnen Gebäude in Betsaida-Iulias eine Münze aus der Zeit des Domitian (und zwar 84 n. Chr.) und vier Münzen aus der Zeit des Trajan (97/117 n. Chr.) gefunden, was auf eine dauernde Neubesiedlung des Ortes nach dem ersten Jüdischen Krieg hindeutet; vgl. Strickert, Bethsaida, 165. Aus diesem Grund spekuliert Strickert, ob die Schlussredaktion von Q nicht in Betsaida entstanden sein könnte (ebda., 158f). Aber wie wäre dann der Weheruf gegen eben diese Stadt in Q 10,13 zu erklären?

51 Vgl. Langer, Judentum, 243: „Insgesamt dürften etwa 15% der Einwohner Syriens Juden gewesen sein, was bei einer durchschnittlichen jüdischen Bevölkerung von 7% im Römischen Reich eine relativ sehr große Zahl bedeutete."

52 Tödt, Menschensohn, bes. 224-241.

53 Zur Bedeutung des Johannes in Q vgl. Heil, Lukas und Q, §§ 31 und 33.

in Q auf Jesus bezogen, insofern er der kommende Menschensohn ist (Q 7,18-35). Johannes wird zum Wegbereiter Jesu (Q 7,27).

Fragt man nach der „*Christologie*“ von Q, so muss zunächst konstatiert werden, dass die besondere Bedeutung Jesu in Q ohne Passions- und Auferstehungserzählung ausgedrückt wird; Kreuzestod und Auferstehung werden nicht – wie etwa bei Paulus und Markus – in ihrer Bedeutung für das Heil der Menschen gewürdigt und reflektiert. In Q entspricht der Tod Jesu dem Propheten-Schicksal (Q 11,49-51; 13,34f).

Es ist weiterhin auffällig, dass der Titel „Messias/Christus“ in Q nicht vorkommt. Der Titel „Sohn Gottes“ erscheint nur in den von der Q-Redaktion hinzugefügten Berichten über die Taufe und die Versuchungen Jesu (Q 3,22; 4,3.9); an diesen Stellen verstand die Q-Redaktion „Sohn Gottes“ wohl als messianischen Titel.[54]

Die Konzentration auf christologische Titel in der älteren Forschung schöpft jedoch die christologische Deutung Jesu in Q nicht aus. Sie drückt sich vor allem auch in seinen Funktionen aus; so wirkt Jesus z.B. in Q besonders als Wortverkündiger, während er im Markusevangelium stärker als Wundertäter in Erscheinung tritt. Diese Akzentuierung macht gerade Q 7,22 zu einer faszinierenden Ausnahme in Q: Demnach vollbringt Jesus die messianischen Taten von Jes 61,1 (vgl. Q 6,20). Als letzter, endzeitlicher Bote Gottes erfüllt Jesus mit seiner Verkündigung und seinem Werk die prophetischen Weissagungen (vgl. Q 10,24; 11,31f).

Einem christologischen Titel kommt in Q allerdings größere Bedeutung zu: dem *Menschensohn*.[55] In Q 6,22; 7,34; 9,58 wird vom „gekommenen“ Menschensohn gesprochen; die darauf folgenden Menschensohn-Worte in Q 11,30; 12,8.10.40 und Q 17,24.26.30 reden dagegen vom „kommenden“ Menschensohn, nämlich Jesus, der – wie man aus frühjüdischen Texten und dem Matthäusevangelium erschließen kann – vor allem in seiner Kompetenz als Richter wiederkommt; er wird das göttliche Urteil vollziehen. Nach H. Köster, J.M. Robinson und J.S. Kloppenborg wurde in einer frühen literari-

[54] „Sohn“ für Jesus in 10,21f ist vom „Sohn Gottes“-Titel zu unterscheiden.

[55] Vgl. Hampel, Menschensohn; Heil, Lukas und Q, § 35; Hoffmann, Studien, 81-234; Tradition, 208-278; ders., Menschensohn; Hoffmann u.a., Q 12:8-12 (Documenta Q), 40-250 (zu Q 12,8).

schen Q-Schicht „Menschensohn“ nicht-titular verwendet; so zeige EvThom 86 den ursprünglich nicht-titularen Gebrauch für die Parallele Q 9,58 an (vgl. ähnlich Q 12,10).[56] Erst in der redaktionellen Endform von Q werde „Menschensohn“ *immer* als hochchristologischer Titel verstanden. Hier wird dann Jesus als der gekommene, irdische mit dem kommenden „Menschensohn“ – und dem kommenden Feuerrichter (Q 3,7-9.16b-17)! – identifiziert. Somit wird die Wortverkündigung Jesu eschatologisch relevant (vgl. Q 6,46).

P. Hoffmann wies darauf hin, dass die Vorstellung von Jesus als dem Menschensohn/Weltenrichter zur Zeit des Jüdischen Krieges, als die Krise apokalyptische Erwartungen hervorbrachte, ein wichtiges Interpretament für die Q-Gruppe wurde. Daher sei diese Vorstellung erst bei der Endredaktion von Q um 70 n. Chr. zur entscheidenden christologischen Deutungskategorie der Jesustradition geworden.[57] Dementsprechend ist in der Sicht der Q-Redaktion die Lösung für die verzweifelte politisch-religiöse Lage nicht eine gewaltsame, messianische Revolte, sondern die plötzliche, wunderbare Wiederkunft Jesu als Menschensohn (Q 17,23f).[58]

In Q wird Jesus auch mit der *Weisheit*[59] in Beziehung gesetzt. Als „Kinder der Weisheit“ (Q 7,35) werden die Boten der Weisheit bezeichnet, vor allem Johannes und Jesus, aber auch die Q-Gruppe. Jesus übertrifft Salomo und dessen Weisheit (Q 11,31). Die Weisheit sendet „Propheten und Weise“ (Q 11,49). Insgesamt wird Jesus in Q jedoch nicht mit der Weisheit identifiziert.

9.2 Heilsgeschichte und Eschatologie

Für die Sicht der *Heilsgeschichte* in Q spielen „das Gesetz und die Propheten“ keine zentrale Rolle. Wichtig ist vielmehr der Anbruch, die Nähe der Gottesherrschaft. Diese Zeit der Erfüllung beginnt für Q mit dem Auftreten des Johannes[60], vor allem mit dessen Predigt

[56] Kloppenborg, Formation, 191f (zu Q 9,58); Köster, Jesus, 158-160; ders., Gospels, 139f. 149; Robinson, Son of Man.

[57] Erst die kanonischen Evangelien nehmen deutlich auf Dan 7,13 Bezug.

[58] Vgl. Bauer, Anfang; Hoffmann, Tradition, 208-278, bes. 274-278.

[59] Vgl. Ebner, Jesus; Heil, Lukas und Q, § 36; Kirk, Composition.

[60] Vgl. Heil, Lukas und Q, § 31.

(vgl. Q 16,16). Johannes ist im Reich Gottes, auch wenn er „kleiner" als Jesus und seine Nachfolger ist (vgl. Q 7,28).

Deren Botschaft richtet sich an Israel.[61] Da sich das jüdische Volk ganz mehrheitlich nicht der Q-Gruppe anschloss, kommt es in Q zu heftiger Polemik gegen „diese Generation" (Q 7,31-35; 11,29-32.49-51). Diese Polemik bestimmt Q 3,7-9; 10,10-15; 11,14-52; 13,24-35 und gipfelt in Q 22,28.30: „Ihr .., die ihr mir nachgefolgt seid, werdet .. auf Thronen sitzen und die zwölf Stämme Israels richten."[62]

Heiden[63] waren zwar nicht die Adressaten von Q, gläubige Heiden werden aber mehrfach dem ungläubigen Israel gegenübergestellt (Q 7,9; 10,13-15; 11,30-32).

In der *Eschatologie*[64] von Q ist eine durch den Jüdischen Krieg revitalisierte Naherwartung erkennbar. Der Tag des Gerichts ist zwar rein zukünftig und hat keinen präsentischen Aspekt, steht aber unmittelbar bevor (Q 17,23-37; vgl. Q 3,7-9.16b-17; 10,12-15). Dabei ist zu beachten, dass sich das Gericht sowohl gegen „dieses Geschlecht" wie gegen die Gemeinde richtet (letzteres in Q 6,47-49; 12,8f; 12,42-46; 19,12-26).

10. Q und der historische Jesus

Q hat viele wertvolle Traditionen aufbewahrt, die auf den historischen Jesus zurückgehen. Daher zählt Q neben dem Markusevangelium zu den wichtigsten Quellen für die Rückfrage nach Jesus.[65]

Man darf jedoch nicht übersehen, dass diese Traditionen im Überlieferungsprozess und durch die Endredaktion von Q überarbeitet und ergänzt wurden.[66] So hat etwa J.M. Robinson darauf hingewie-

61 Vgl. Heil, Lukas und Q, § 39.

62 Gegen Horsley / Draper, Whoever Hears You, 262f, die in Q 22,28.30 das „Herstellen von Gerechtigkeit" in Israel durch die Q-Gruppe angesprochen sehen. Diese und andere Thesen von Horsley / Draper zielen darauf ab, den Konflikt mit „dieser Generation" in Q zu entschärfen.

63 Vgl. insgesamt Heil, Lukas und Q, § 40.

64 Vgl. Heil, Lukas und Q, § 41.

65 Das ist Konsens seit Holtzmann, Evangelien, 450-468. Vgl. u.a. Becker, Jesus; Robinson, Der wahre Jesus?; Theißen / Merz, Jesus.

66 Darauf weisen u.a. hin Kosch, Q; Kloppenborg, Quest; ders., Jesus-Bild.

sen, dass die jesuanische Verkündigung eines sorgenden, barmherzigen Vatergottes (vgl. u.a. Q 6,27f.35c-d.36; 12,22b.24-30) von der Q-Redaktion – offenbar unter dem Eindruck des seit 66 n. Chr. geführten grausamen Jüdischen Krieges – stärker auf das Bild eines richtenden und strafenden Gottes hin akzentuiert wurde (vgl. Q 11,39b-52 [bes. 11,49-51]; 13,24-35 [bes. 13,34f]; 19,12-26).[67] Hier ist immer wieder daran zu erinnern, dass zum *Kern* der Botschaft Jesu die Aufforderung zur Feindesliebe gehört, in Nachahmung der universalen Fürsorge Gottes (Q 6,27f.35c-d.36) – auch wenn man die Gerichtsbotschaft Jesu nicht ignorieren darf.[68]

11. Q in der Geschichte des frühen Christentums

Nimmt man die Bedeutung von Q und dessen Trägerkreis ernst, hat das Konsequenzen für die Darstellung der Geschichte des frühen Christentums. In den Jahrzehnten nach Ostern bildet neben den drei verschiedenen Entwicklungslinien des paulinischen, synoptischen und johanneischen Christentums Q mit seiner Trägergruppe eine vierte Entwicklungslinie. Diese ermöglicht den Zugang zu Geschichte und Theologie der frühen palästinischen Jesus-Bewegung.[69]

Entgegen einer einlinigen romantisch-harmonischen Entfaltung des christlichen Glaubens wird man auf plurale „Entwicklungslinien" aufmerksam.[70] Die Eigenart und Eigenständigkeit von Q entlarvt die These von einer im ersten Jahrhundert n. Chr. allgemein anerkannten „Dogmatik"[71] als anachronistisch und apologetisch.

[67] Robinson, Study, 38-40. Vgl. auch die hermeneutischen Überlegungen zur Weherede gegen die Schriftgelehrten und Pharisäer Mt 23 (vor allem im Vergleich zur Bergpredigt Mt 5–7) bei Luz, Matthäus III, 396-401.

[68] Hier ist zu beachten, dass im jüdischen Gottesbild Barmherzigkeit und Gerechtigkeit Gottes vereint sind, vgl. u.a. Janowski, Richter.

[69] Der Quellenwert von Q für die Geschichte des frühen Christentums wird zunehmend erkannt; vgl. u.a. E.W. Stegemann / W. Stegemann, Sozialgeschichte; Crossan, Birth; Mack, Wer schrieb; Theißen, Religion.

[70] Vgl. Köster / Robinson, Entwicklungslinien.

[71] Etwa im Sinn des Vinzenz von Lérins († ca. 450): „Was überall, was immer, was von allen geglaubt wird, das nämlich ist wahrhaft und eigentlich katholisch." (Commonitorium 2,3 [PL 50,640]).

In Q liegt ein sehr frühes Zeugnis des Judenchristentums vor.[72] Dieser Aspekt gewinnt zunehmende Bedeutung, da das Judenchristentum wachsendes wissenschaftliches Interesse genießt, ohne dass Q dafür bisher ausreichend ausgewertet wurde. Auch die Bedeutung des an Judenchristen und Juden adressierten Q-Dokuments für den heutigen christlich-jüdischen Dialog wurde bisher kaum untersucht.

[72] Nebenbei: Der jüdische Charakter unterscheidet Q vom nichtjüdischen Thomasevangelium, das sich in seiner koptischen Version z.B. gegen die 24 toten Propheten (EvThom 52) und jüdische Frömmigkeitsübungen (EvThom 14) wendet; vgl. auch die antijüdische Polemik in EvThom 43.

Textkritische Zeichen[1]

Q 3,17 Entsprechend der Konvention des Internationalen Q-Projekts wird ein bestimmter Q-Text durch das Sigel „Q" mit der entsprechenden Lukas-Stelle bezeichnet. Dies bedeutet nicht, dass der Q-Text mit dem Lukas-Text identisch ist. Q 3,17 entspricht also dem aus Mt 3,12 und Lk 3,17 rekonstruierten Q-Text.

Das IQP verwendet die Buchstaben A, B, C, D oder U, um die relativen Wahrscheinlichkeitsgrade für jede Textrekonstruktion anzugeben. A und B kennzeichnen Entscheidungen, die so überzeugend sind, dass sie ohne weitere Qualifikation als Teil des rekonstruierten Q-Textes gedruckt werden. A indiziert „mit an Sicherheit grenzender Wahrscheinlichkeit": Alle ernsthaften Argumente sprechen für diese Textentscheidung. B bedeutet eine „überzeugende Wahrscheinlichkeit": Es mag zwar ernsthafte Argumente für beide überlieferten Textfassungen geben, aber die Argumente für die eine überwiegen klar die für die andere. Mit C wird eine „schwache Wahrscheinlichkeit" gekennzeichnet, die einen nicht unbedeutenden Zweifel signalisiert. Eine Entscheidung mit D zeigt an, dass hier Gründe zugunsten der Lesart genannt werden können, die Wahrscheinlichkeit für sie aber nicht ausreicht, um sie in der Rekonstruktion zu berücksichtigen. U bedeutet, dass die vorgebrachten Argumente nicht ausreichen, eine begründete Entscheidung zu treffen; die Lesart der Variante bleibt unentschieden.

⟦ ⟧ Der rekonstruierte Text hat eine Wahrscheinlichkeit von C. Rekonstruktionen mit einer Wahrscheinlichkeit von D sind nicht aufgenommen.[2]

1 Vgl. auch Robinson u.a. (hg.), Critical Edition of Q, LXXXVIf.

2 In den im *Journal of Biblical Literature* publizierten Rekonstruktionen markiert das Siglum ⟦⟧ eine Auslassung eines Textes, der entweder in Mt oder Lk überliefert ist, mit der Wahrscheinlichkeit C. Dieses Siglum wird in Einklang mit den neueren *Documenta Q*-Bänden und der *Critical Edition* ersatzlos gestrichen, um die Lesbarkeit des Textes zu verbessern.

... Es wurde mit dem Wahrscheinlichkeitsgrad A oder B angenommen, dass hier ein Text in Q stand. Die Rekonstruktion erreichte jedoch keine genügend hohe Wahrscheinlichkeit, um aufgenommen zu werden.

⟦... ⟧ Es wurde mit dem Wahrscheinlichkeitsgrad C angenommen, dass hier ein Text in Q stand.

.. Es konnte nur mit dem Wahrscheinlichkeitsgrad D entschieden werden, ob hier in Q ein Text stand oder nicht stand; oder die Frage blieb unentschieden.

3,⟦0⟧ Wenn die Stellenangabe doppelt eingeklammert ist, besteht über die Zugehörigkeit des gesamten Verses zu Q vergleichsweise großer Zweifel, auch wenn die einzelnen Varianten innerhalb des Verses mit verschiedenen Wahrscheinlichkeitsgraden rekonstruiert wurden.[3]

7,?10? Wenn bei einer Texteinheit nur mit dem Wahrscheinlichkeitsgrad D angenommen werden kann, dass sie aus Q stammt, oder die Q-Zugehörigkeit unentschieden blieb, werden die Versangaben mit Fragezeichen eingeklammert.

< > Das Textelement stammt weder aus Matthäus noch aus Lukas; es handelt sich um eine Konjektur.

« » Dieses Zeichen wird verwendet, wenn der Q-Text nicht rekonstruiert werden konnte, da sich der Text nur bei Matthäus oder Lukas findet.

In der deutschen Übersetzung markiert dieses Zeichen die in Q wahrscheinlich intendierte Aussage. Außerdem bezeichnet dieses Zeichen in der deutschen Übersetzung zum besseren Verständnis hinzugesetzte Worte.

7,~~2~~ Die durchgestrichene Verszahl bedeutet, dass ein Vers nicht aus Q stammt, obwohl er durch Matthäus und Lukas bezeugt wird.

[3] Anders als in den im *Journal of Biblical Literature* publizierten Rekonstruktionen wird darauf verzichtet, einzelne Teile von Versen, die als ganze Q nur mit der Wahrscheinlichkeit C zugeschrieben wurden, weiter durch doppelt eckige Klammern zu qualifizieren.

Text und Übersetzung der Spruchquelle Q

Q 3,⟦0⟧
Mt 3,0 // Lk 3,0

⟦<... Ἰησου... >⟧

Q 3,2b-3a
Mt 3,1-6 // Lk 3,2b-3a

2b <... > Ἰωάννη... 3a <... > πᾶσα..η.. περίχωρο... τοῦ Ἰορδάνου <... >.

Mk 1,4
ἐγένετο Ἰωάννης [ὁ] βαπτίζων ἐν τῇ ἐρήμῳ καὶ κηρύσσων βάπτισμα μετανοίας εἰς ἄφεσιν ἁμαρτιῶν.

Q 3,7-9
Mt 3,7-10 // Lk 3,7-9

7 ⟦εἶπεν⟧ τοῖς ⟦ἐρχ⟧ομένο<ι>ς ⟦ὄχλοις⟧ βαπτισ⟦θῆναι⟧· γεννήματα ἐχιδνῶν, τίς ὑπέδειξεν ὑμῖν φυγεῖν ἀπὸ τῆς μελλούσης ὀργῆς; 8 ποιήσατε οὖν καρπὸν ἄξιον τῆς μετανοίας καὶ μὴ δόξητε λέγειν ἐν ἑαυτοῖς· πατέρα ἔχομεν τὸν Ἀβραάμ. λέγω γὰρ ὑμῖν ὅτι δύναται ὁ θεὸς ἐκ τῶν λίθων τούτων ἐγεῖραι τέκνα τῷ Ἀβραάμ. 9 ἤδη δὲ ἡ ἀξίνη πρὸς τὴν ῥίζαν τῶν δένδρων κεῖται· πᾶν οὖν δένδρον μὴ ποιοῦν καρπὸν καλὸν ἐκκόπτεται καὶ εἰς πῦρ βάλλεται.

Mk 1,5
καὶ ἐξεπορεύετο πρὸς αὐτὸν πᾶσα ἡ Ἰουδαία χώρα καὶ οἱ Ἱεροσολυμῖται πάντες, καὶ ἐβαπτίζοντο ὑπ' αὐτοῦ ἐν τῷ Ἰορδάνῃ ποταμῷ ἐξομολογούμενοι τὰς ἁμαρτίας αὐτῶν.

⟦Incipit⟧

⟦<... Jesus ... >⟧

A. Johannes, der Täufer, und Jesus von Nazara
Q 3,2–7,35

Die Botschaft des Johannes
Q 3,2b-17

Das Auftreten des Johannes

[2b] <... > Johannes [3a] <... > die ganze Gegend am Jordan <... >.

Mk 1,4
Johannes der Täufer trat in der Wüste auf und verkündete eine Taufe der Umkehr zur Vergebung der Sünden.

Die Gerichtsankündigung des Johannes

[7] Er sagte zu der ⟦Volksmenge⟧, die ⟦kam, um sich⟧ taufe⟦n zu lassen⟧: Schlangenbrut! Wer hat euch in Aussicht gestellt, dass ihr dem bevorstehenden Zorn«gericht» entkommt? [8] Bringt darum Frucht, die der Umkehr entspricht, und bildet euch nicht ein, bei euch sagen «zu können»: Wir haben Abraham zum Vater. Denn ich sage euch: Gott kann aus diesen Steinen dem Abraham Kinder erwecken. [9] Aber schon ist die Axt an die Wurzel der Bäume gelegt; jeder Baum, der nicht gute Frucht bringt, wird daher herausgehauen und ins Feuer geworfen.

Mk 1,5
Und das ganze Land Judäa und alle Jerusalemer zogen zu ihm hinaus; und sie ließen sich im Jordanfluss von ihm taufen und bekannten ihre Sünden.

Q 3,16b-17
Mt 3,11f // Lk 3,16b-17

16b ἐγὼ μὲν ὑμᾶς βαπτίζω ⟦ἐν⟧ ὕδατι, ὁ δὲ ὀπίσω μου ἐρχόμενος ἰσχυρότερός μού ἐστιν, οὗ οὐκ εἰμὶ ἱκανὸς τ⟦ὰ⟧ ὑποδήματ⟦α⟧ ⟦βαστά⟧σαι· αὐτὸς ὑμᾶς βαπτίσει ἐν πνεύματι ⟦ἁγίῳ⟧ καὶ πυρί·
17 οὗ τὸ πτύον ἐν τῇ χειρὶ αὐτοῦ καὶ διακαθαριεῖ τὴν ἅλωνα αὐτοῦ καὶ συνάξει τὸν σῖτον εἰς τὴν ἀποθήκην αὐτοῦ, τὸ δὲ ἄχυρον κατακαύσει πυρὶ ἀσβέστῳ.

Mk 1,7b-8
7b ἔρχεται ὁ ἰσχυρότερός μου ὀπίσω μου, οὗ οὐκ εἰμὶ ἱκανὸς κύψας λῦσαι τὸν ἱμάντα τῶν ὑποδημάτων αὐτοῦ. 8 ἐγὼ ἐβάπτισα ὑμᾶς ὕδατι, αὐτὸς δὲ βαπτίσει ὑμᾶς ἐν πνεύματι ἁγίῳ.

Q 3,⟦21f⟧
Mt 3,13.16f // Lk 3,21f

⟦21⟧ ⟦.. Ἰησου.. βαπτισθε... νεῳχθη... ο... οὐρανο... ,⟧ ⟦22⟧ ⟦καὶ .. τὸ πνεῦμα ... ἐπ᾽ αὐτόν· ... υἱ... .⟧

Mk 1,9-11
9 Καὶ ἐγένετο ἐν ἐκείναις ταῖς ἡμέραις ἦλθεν Ἰησοῦς ἀπὸ Ναζαρὲτ τῆς Γαλιλαίας καὶ ἐβαπτίσθη εἰς τὸν Ἰορδάνην ὑπὸ Ἰωάννου. 10 καὶ εὐθὺς ἀναβαίνων ἐκ τοῦ ὕδατος εἶδεν σχιζομένους τοὺς οὐρανοὺς καὶ τὸ πνεῦμα ὡς περιστερὰν καταβαῖνον εἰς αὐτόν· 11 καὶ φωνὴ ἐγένετο ἐκ τῶν οὐρανῶν· σὺ εἶ ὁ υἱός μου ὁ ἀγαπητός, ἐν σοὶ εὐδόκησα.

Johannes und der Kommende

[16b] Ich taufe euch ⟦in⟧ Wasser; der nach mir kommt, ist jedoch stärker als ich. Ich bin nicht würdig, «ihm» seine Sandalen zu ⟦tragen⟧. Er selbst wird euch in ⟦heiligem⟧ Geist und Feuer taufen.

[17] Seine Schaufel ist in seiner Hand, und er wird seinen Dreschplatz säubern und den Weizen in seine Scheune einsammeln, die Spreu aber wird er in einem Feuer verbrennen, das nicht erlischt.

Mk 1,7b-8
[7b] Es kommt der Stärkere als ich nach mir. Ich bin nicht würdig, gebückt ihm den Riemen seiner Sandalen zu lösen. [8] Ich habe euch mit Wasser getauft, er selbst aber wird euch in heiligem Geist taufen.

Taufe und Bewährung Jesu
Q 3,21f; 4,1-13

⟦Die Taufe Jesu⟧

[⟦21⟧] ⟦.. Jesus getauft..., öffnete sich der Himmel..,⟧ [⟦22⟧] ⟦und .. der Geist ... auf ihn; ... Sohn ... .⟧

Mk 1,9-11
[9] Und es geschah: In jenen Tagen kam Jesus aus Nazaret in Galiläa und ließ sich von Johannes im Jordan taufen. [10] Und sofort, als er aus dem Wasser stieg, sah er die Himmel sich spalten und den Geist wie eine Taube auf sich herabkommen. [11] Und eine Stimme geschah aus den Himmeln: Du bist mein geliebter Sohn, an dir habe ich Gefallen gefunden.

Q 4,1-13
Mt 4,1-11 // Lk 4,1-13

1 ⟦ὁ⟧ δὲ Ἰησοῦς ⟦ἀν⟧ή⟦χθη⟧ ⟦εἰς⟧ τὴ⟦ν⟧ ἔρημ⟦ον ὑπὸ⟧ τ⟦οῦ⟧
πνεύματ⟦ος⟧ 2 πειρα⟦σθῆναι⟧ ὑπὸ τοῦ διαβόλου. καὶ ... ἡμέρας
τεσσεράκοντα, .. ἐπείνασεν. 3 καὶ εἶπεν αὐτῷ ὁ διάβολος· εἰ
υἱὸς εἶ τοῦ θεοῦ, εἰπὲ ἵνα οἱ λίθοι οὗτοι ἄρτοι γένωνται. 4 καὶ
ἀπεκρίθη ⟦αὐτ<ῷ>⟧ ὁ Ἰησοῦς· γέγραπται ὅτι οὐκ ἐπ' ἄρτῳ
μόνῳ ζήσεται ὁ ἄνθρωπος.
9 παραλαμβάνει αὐτὸν ⟦ὁ διάβολος⟧ εἰς Ἰερουσαλὴμ καὶ
ἔστησεν αὐτὸν ἐπὶ τὸ πτερύγιον τοῦ ἱεροῦ καὶ εἶπεν αὐτῳ· εἰ
υἱὸς εἶ τοῦ θεοῦ, βάλε σεαυτὸν κάτω· 10 γέγραπται γὰρ ὅτι
τοῖς ἀγγέλοις αὐτοῦ ἐντελεῖται περὶ σοῦ 11 καὶ ἐπὶ χειρῶν
ἀροῦσίν σε, μήποτε προσκόψῃς πρὸς λίθον τὸν πόδα σου.
12 καὶ ⟦ἀποκριθεὶς⟧ εἶπεν αὐτῷ ὁ Ἰησοῦς· γέγραπται· οὐκ
ἐκπειράσεις κύριον τὸν θεόν σου.
5 καὶ παραλαμβάνει αὐτὸν ὁ διάβολος εἰς ὄρος ⟦ὑψηλὸν λίαν⟧
καὶ δείκνυσιν αὐτῷ πάσας τὰς βασιλείας τοῦ κόσμου καὶ τὴν
δόξαν αὐτῶν 6 καὶ εἶπεν αὐτῷ· ταῦτά σοι πάντα δώσω, 7 ἐὰν
προσκυνήσῃς μοι. 8 καὶ ⟦ἀποκριθεὶς⟧ ὁ Ἰησοῦς εἶπεν αὐτῷ·
γέγραπται· κύριον τὸν θεόν σου προσκυνήσεις καὶ αὐτῷ μόνῳ
λατρεύσεις.
13 καὶ ὁ διάβολος ἀφίησιν αὐτόν.

Mk 1,12f
12 Καὶ εὐθὺς τὸ πνεῦμα αὐτὸν ἐκβάλλει εἰς τὴν ἔρημον. 13 καὶ ἦν ἐν τῇ
ἐρήμῳ τεσσεράκοντα ἡμέρας πειραζόμενος ὑπὸ τοῦ Σατανᾶ, καὶ ἦν
μετὰ τῶν θηρίων, καὶ οἱ ἄγγελοι διηκόνουν αὐτῷ.

Die Versuchungen Jesu

1 Jesus aber wurde vom Geist ⟦in⟧ die Wüste hinaufgeführt, 2 ⟦um⟧
vom Teufel versucht ⟦zu werden⟧. Und «er aß» vierzig Tage
«nichts», .. er wurde hungrig. 3 Und der Teufel sagte ihm: Wenn du
Gottes Sohn bist, sage, dass diese Steine Brote werden sollen. 4 Und
Jesus antwortete ⟦ihm⟧: Es steht geschrieben: Nicht von Brot allein
lebt der Mensch. (Dtn 8,3)
9 ⟦Der Teufel⟧ nahm ihn mit nach Jerusalem und stellte ihn an den
Rand des Tempel«dache»s und sagte ihm: Wenn du Gottes Sohn
bist, wirf dich hinab. 10 Denn es steht geschrieben: Seinen Engeln
wird er deinetwegen befehlen, 11 und auf Händen werden sie dich
tragen, damit du deinen Fuß nicht an einen Stein stößt. (Ps 91,11f)
12 Und Jesus ⟦antwortete⟧ und sagte ihm: Es steht geschrieben: Du
sollst den Herrn, deinen Gott, nicht versuchen. (Dtn 6,16)

5 Und der Teufel nahm ihn mit auf einen ⟦sehr hohen⟧ Berg und
zeigte ihm alle Königreiche der Welt und ihre Pracht, 6 und er sagte
ihm: Das alles werde ich dir geben, 7 wenn du mich anbetest. 8 Und
Jesus ⟦antwortete und⟧ sagte ihm: Es steht geschrieben: Den Herrn,
deinen Gott, sollst du anbeten und allein ihm dienen. (Dtn 6,13a =
10,20a)
13 Und der Teufel verließ ihn.

Mk 1,12f
12 Und sofort trieb der Geist ihn in die Wüste. 13 Und er war in der Wüste
vierzig Tage und wurde vom Satan versucht, und er war mit den Tieren,
und die Engel dienten ihm.

Q 4,16
Mt 4,13 // Lk 4,16.31

<...> Ναζαρά <...>.

Mk 6,1
Καὶ ἐξῆλθεν ἐκεῖθεν καὶ ἔρχεται εἰς τὴν πατρίδα αὐτοῦ, καὶ ἀκολουθοῦσιν αὐτῷ οἱ μαθηταὶ αὐτοῦ.

Q 6,20f
Mt 5,1-4.6 // Lk 6,20f

20 <...> καὶ ⟦ἐπάρ⟧ας το⟦ὺς ὀφθαλμοὺς⟧ αὐτοῦ ⟦εἰς τοὺς⟧ μαθητὰ⟦ς⟧ αὐτοῦ ..λέγ...· μακάριοι οἱ πτωχοί, ὅτι ⟦ὑμετέρα⟧ ἐστὶν ἡ βασιλεία τοῦ θεοῦ. 21 μακάριοι οἱ πεινῶντες, ὅτι χορτασθήσ⟦εσθε⟧. μακάριοι οἱ ⟦πενθ⟧ο⟦ῦ⟧ντες, ὅτι ⟦παρακληθήσ<εσθε>⟧.

Q 6,22f
Mt 5,11f // Lk 6,22f

22 μακάριοί ἐστε ὅταν ὀνειδίσωσιν ὑμᾶς καὶ ⟦διώξ⟧ωσιν καὶ ⟦εἴπ⟧ωσιν ⟦πᾶν⟧ πονηρὸν ⟦καθ'⟧ ὑμῶν ἕνεκεν τοῦ υἱοῦ τοῦ ἀνθρώπου. 23 χαίρετε καὶ ⟦ἀγαλλιᾶσθε⟧, ὅτι ὁ μισθὸς ὑμῶν πολὺς ἐν τῷ οὐρανῷ· οὕτως γὰρ ⟦ἐδίωξαν⟧ τοὺς προφήτας τοὺς πρὸ ὑμῶν.

Jesu programmatische Rede
Q 4,16; 6,20-49

Nazara

<... > Nazara <... >.

Mk 6,1
Und Jesus ging von dort weg und kommt in seine Vaterstadt, und seine Jünger folgen ihm.

Seligpreisung der Armen, Hungernden und Trauernden

20 <... > Und er ⟦richtete⟧ seine ⟦Augen auf⟧ seine Jünger und sagte: Selig ⟦ihr⟧ Armen, denn ⟦euer⟧ ist das Königreich Gottes. 21 Selig ⟦ihr⟧ Hungernden, denn ⟦ihr⟧ werde⟦t⟧ gesättigt werden. Selig ⟦ihr Trauernden⟧, denn ⟦<ihr> werdet getröstet werden⟧. (Jes 61,1f)

EvThom 54
Jesus spricht: Selig (ihr) Armen, denn euer ist das Königreich der Himmel.

EvThom 69,2
Selig sind die Hungernden, damit der Leib dessen gesättigt wird, der (es) wünscht.

Seligpreisung der Verfolgten

22 Selig seid ihr, wenn sie euch schmähen und ⟦verfolgen⟧ und ⟦alles mögliche⟧ Schlechte ⟦gegen⟧ euch ⟦sagen⟧ wegen des Menschensohnes. 23 Freut euch und ⟦jubelt⟧, denn euer Lohn im Himmel ist groß; denn so ⟦verfolgten⟧ sie die Propheten vor euch.

EvThom 69,1a
Jesus spricht: Selig sind die, die verfolgt wurden in ihrem Herzen.

EvThom 68,1
Jesus spricht: Selig seid ihr, wenn sie euch hassen und euch verfolgen.

Q 6,27f.35c-d
Mt 5,43f // Lk 6,27f.35c-d

27 ἀγαπᾶτε τοὺς ἐχθροὺς ὑμῶν 28 ⟦καὶ⟧ προσεύχεσθε ὑπὲρ τῶν ⟦διωκ⟧όντων ὑμᾶς, 35c ὅπως γένησθε υἱοὶ τοῦ πατρὸς ὑμῶν, ὅτι τὸν ἥλιον αὐτοῦ ἀνατέλλει ἐπὶ πονηροὺς καὶ ⟦ἀγαθοὺς καὶ βρέχει ἐπὶ δικαίους καὶ ἀδίκους⟧.

Q 6,29. ⟦29↔30/Mt 5,41⟧. 30
Mt 5,38-42 // Lk 6,29f

29 ⟦ὅστις⟧ σε ⟦ῥαπίζει⟧ εἰς τὴν σιαγόνα, στρέψον ⟦αὐτῷ⟧ καὶ τὴν ἄλλην· καὶ ⟦τῷ θέλοντί σοι κριθῆναι καὶ⟧ τὸν χιτῶνά σου ⟦λαβεῖν, ἄφες αὐτῷ⟧ καὶ τὸ ἱμάτιον. ⟦Mt 5,41⟧ ⟦«καὶ ὅστις σε ἀγγαρεύσει μίλιον ἕν, ὕπαγε μετ' αὐτοῦ δύο.»⟧ 30 τῷ αἰτοῦντί σε δός, καὶ ⟦ἀπὸ⟧ τ⟦οῦ δανι<ζομένου> τὰ⟧ σ⟦ὰ⟧ μὴ ἀπ⟦αίτει⟧.

Q 6,31
Mt 7,12 // Lk 6,31

καὶ καθὼς θέλετε ἵνα ποιῶσιν ὑμῖν οἱ ἄνθρωποι, οὕτως ποιεῖτε αὐτοῖς.

EvThom 6,3 (P.Oxy. 654)
[καὶ ὅ τι μισ]εῖται, μὴ ποιεῖτ[ε·]

Feindesliebe

[27] Liebt eure Feinde, [28] ⟦und⟧ betet für die, die euch ⟦verfolgen⟧,
[35c] damit ihr Söhne eures Vaters werdet, denn er lässt seine Sonne aufgehen über Schlechte und ⟦Gute, und er lässt regnen über Gerechte und Ungerechte⟧.

Verzicht auf das eigene Recht

[29] ⟦Dem, der⟧ dich auf die Wange schlägt, ⟦dem⟧ halte auch die andere hin, und ⟦dem, der dich vor Gericht bringen und dir⟧ dein Untergewand ⟦wegnehmen will, dem lass⟧ auch das Obergewand.
⟦[Mt 5,41]⟧ ⟦«Und mit dem, der dich zu einer Meile Frondienst zwingt, gehe zwei.»⟧ [30] Dem, der dich bittet, gib; und ⟦von dem, der sich leiht, fordere das⟧ Deine nicht zurück.

EvThom 95
[1] [Jesus spricht:] Wenn ihr Geld habt, gebt (es) nicht gegen Zins. [2] Vielmehr gebt [es] dem, von dem ihr es nicht (zurück)erhalten werdet.

Die goldene Regel

Und wie ihr wollt, dass euch die Menschen tun, so tut ihr ihnen.

EvThom 6,3 (P.Oxy. 654)
[Und] tut nicht [das, was] ihr [hasst].

EvThom 6,3 (Nag Hammadi II)
Und tut nicht das, was ihr hasst.

Q 6,32.34.36
Mt 5,46-48 // Lk 6,32.34.36

32 .. ε⟦ἰ⟧ .. ἀγαπ⟦ᾶ⟧τε τοὺς ἀγαπῶντας ὑμᾶς, τίνα μισθὸν
ἔχετε; οὐχὶ καὶ οἱ τελῶναι τὸ αὐτὸ ποιοῦσιν; 34 καὶ ἐὰν
⟦δανίσητε παρ᾽ ὧν ἐλπίζετε λαβεῖν, τί<να μισθὸν ἔχε>τε⟧; οὐχὶ
καὶ ⟦οἱ ἐθνικ⟧οὶ τὸ αὐτὸ ποιοῦσιν;
36 ⟦γίν⟧εσθε οἰκτίρμονες ὡς .. ὁ πατὴρ ὑμῶν οἰκτίρμων ἐστίν.

→ Q 6,35c-d oben nach Q 6,27f.

Q 6,37f
Mt 7,1f // Lk 6,37f

37 .. μὴ κρίνετε, ... μὴ κριθῆτε· ⟦ἐν ᾧ γὰρ κρίματι κρίνετε
κριθήσεσθε,⟧ 38 ⟦καὶ⟧ ἐν ᾧ μέτρῳ μετρεῖτε μετρηθήσεται ὑμῖν.

Mk 4,24b-e
βλέπετε τί ἀκούετε. ἐν ᾧ μέτρῳ μετρεῖτε μετρηθήσεται ὑμῖν καὶ προστεθήσεται ὑμῖν.

Q 6,39
Mt 15,14 // Lk 6,39

μήτι δύναται τυφλὸς τυφλὸν ὁδηγεῖν; οὐχὶ ἀμφότεροι εἰς βόθυνον πεσοῦνται;

Q 6,40
Mt 10,24-25a // Lk 6,40

οὐκ ἔστιν μαθητὴς ὑπὲρ τὸν διδάσκαλον· ⟦ἀρκετὸν τῷ μαθητῇ ἵνα γένη⟧ται ὡς ὁ διδάσκαλος αὐτοῦ.

Uneingeschränkte Liebe

32 .. Wenn ihr die liebt, die euch lieben, welchen Lohn habt ihr? Tun dasselbe nicht auch die Zöllner? 34 Und wenn ihr ⟦«denen» leiht, von denen ihr hofft, «es» zurückzubekommen, welchen <Lohn habt> ihr⟧? Tun dasselbe nicht auch ⟦die Heiden⟧?
36 Seid barmherzig, wie .. euer Vater barmherzig ist.

EvThom 95
1 [Jesus spricht:] Wenn ihr Geld habt, gebt (es) nicht gegen Zins. 2 Vielmehr gebt [es] dem, von dem ihr es nicht (zurück)erhalten werdet.

Nicht richten

37 .. Richtet nicht, «dann» werdet ihr nicht gerichtet; ⟦denn mit dem Urteil, mit dem ihr richtet, werdet ihr gerichtet werden,⟧ 38 ⟦und⟧ mit dem Maß, mit dem ihr zumesst, wird euch zugemessen werden.

Mk 4,24b-e
Seht zu, was ihr hört! Mit dem Maß, mit dem ihr zumesst, wird euch zugemessen werden und es wird euch hinzugefügt werden.

Blinde Blindenführer

Kann etwa ein Blinder einen Blinden führen? Werden nicht beide in eine Grube fallen?

EvThom 34
Jesus spricht: Wenn ein Blinder einen Blinden führt, fallen beide in eine Grube.

Schüler und Lehrer

Der Schüler ist nicht mehr als der Lehrer; ⟦es genügt für den Schüler, dass er⟧ wie sein Lehrer ⟦wird⟧.

Q 6,41f
Mt 7,3-5 // Lk 6,41f

41 τί δὲ βλέπεις τὸ κάρφος τὸ ἐν τῷ ὀφθαλμῷ τοῦ ἀδελφοῦ
σου, τὴν δὲ ἐν τῷ σῷ ὀφθαλμῷ δοκὸν οὐ κατανοεῖς; 42 πῶς ...
τῷ ἀδελφῷ σου· ἄφες ἐκβάλω τὸ κάρφος ⟦ἐκ⟧ τ⟦οῦ⟧
ὀφθαλμ⟦οῦ⟧ σου, καὶ ἰδοὺ ἡ δοκὸς ἐν τῷ ὀφθαλμῷ σου; ὑπο-
κριτά, ἔκβαλε πρῶτον ἐκ τοῦ ὀφθαλμοῦ σου τὴν δοκόν, καὶ
τότε διαβλέψεις ἐκβαλεῖν τὸ κάρφος ... τ... ὀφθαλμ... τοῦ
ἀδελφοῦ σου.

EvThom 26,2 (P.Oxy. 1)
[...] καὶ τότε διαβλέψεις ἐκβαλεῖν τὸ κάρφος τὸ ἐν τῷ ὀφθαλμῷ τοῦ ἀδελφοῦ σου.

Q 6,43-45
Mt 7,15-20; 12,33-35 // Lk 6,43-45

43 .. οὐ<κ> ἔστιν δένδρον καλὸν ποιοῦν καρπὸν σαπρόν, οὐδὲ
⟦πάλιν⟧ δένδρον σαπρὸν ποιοῦν καρπὸν καλόν. 44 ἐκ γὰρ τοῦ
καρποῦ τὸ δένδρον γινώσκεται. μήτι συλλέγουσιν ἐξ ἀκανθῶν
σῦκα ἢ ἐκ τριβόλων σταφυλ⟦άς⟧;
45 ὁ ἀγαθὸς ἄνθρωπος ἐκ τοῦ ἀγαθοῦ θησαυροῦ ἐκβάλλει
ἀγαθά, καὶ ὁ πονηρὸς ⟦ἄνθρωπος⟧ ἐκ τοῦ πονηροῦ
⟦θησαυροῦ⟧ ἐκβάλλει πονηρά· ἐκ γὰρ περισσεύματος καρδίας
λαλεῖ τὸ στόμα ⟦αὐτοῦ⟧.

Splitter und Balken

[41] Und was siehst du den Splitter im Auge deines Bruders, aber den Balken in deinem Auge bemerkst du nicht? [42] Wie «kannst du» deinem Bruder «sagen»: Lass mich den Splitter ⟦aus⟧ deinem Auge herausziehen, und siehe, der Balken «ist» in deinem Auge? Heuchler, ziehe zuerst aus deinem Auge den Balken heraus, und dann wirst du deutlich «genug» sehen, um den Splitter «im» Auge deines Bruders herauszuziehen.

EvThom 26,2 (P.Oxy. 1)
[...] und dann wirst du deutlich (genug) sehen, um den Splitter, der in dem Auge deines Bruders ist, herauszuziehen.

EvThom 26,1f (Nag Hammadi II)
[1] Jesus spricht: Den Splitter im Auge deines Bruders siehst du, den Balken aber in deinem Auge siehst du nicht. [2] Wenn du den Balken aus deinem Auge herausziehst, dann wirst du deutlich (genug) sehen, um den Splitter aus dem Auge deines Bruders herauszuziehen.

Der Baum wird an seiner Frucht erkannt

[43] .. Es gibt keinen guten Baum, der minderwertige Frucht bringt, und ⟦andererseits⟧ keinen minderwertigen Baum, der gute Frucht bringt. [44] Denn an der Frucht wird der Baum erkannt. Sammelt man etwa von Dornengestrüpp Feigen oder von Disteln Weintraube⟦n⟧? [45] Der gute Mensch holt aus seinem guten Vorrat Gutes hervor, und der schlechte ⟦Mensch⟧ holt aus seinem schlechten ⟦Vorrat⟧ Schlechtes hervor; denn aus dem Überfluss des Herzens redet ⟦sein⟧ Mund.

EvThom 45,1-4
[1] Jesus spricht: Weintrauben werden nicht von Dornengestrüpp geerntet, noch werden Feigen von Disteln gepflückt, denn sie geben keine Frucht. [2] Ein guter Mensch bringt Gutes aus seinem Schatz (hervor). [3] Ein schlechter Mensch bringt Böses aus dem schlechten Schatz, der in seinem Herzen ist, hervor, und zwar redet er Böses. [4] Denn aus dem Überfluss des Herzens bringt er Böses hervor.

Q 6,46
Mt 7,21 // Lk 6,46

τί .. με καλεῖτε· κύριε κύριε, καὶ οὐ ποιεῖτε ἃ λέγω;

Q 6,47-49
Mt 7,24-27 // Lk 6,46-49

[47] πᾶς ὁ ἀκούων μου τ... λόγ... καὶ ποιῶν αὐτούς, [48] ὅμοιός
ἐστιν ἀνθρώπῳ, ὃς ᾠκοδόμησεν ⟦αὐτοῦ τὴν⟧ οἰκίαν ἐπὶ τὴν
πέτραν· καὶ κατέβη ἡ βροχὴ καὶ ἦλθον οἱ ποταμοὶ ⟦καὶ
ἔπνευσαν οἱ ἄνεμοι⟧ καὶ προσέπεσαν τῇ οἰκίᾳ ἐκείνῃ, καὶ οὐκ
ἔπεσεν, τεθεμελίωτο γὰρ ἐπὶ τὴν πέτραν. [49] καὶ ⟦πᾶς⟧ ὁ
ἀκούων ⟦μου τοὺς λόγους⟧ καὶ μὴ ποιῶν ⟦αὐτοὺς⟧ ὅμοιός
ἐστιν ἀνθρώπῳ ὃς ᾠκοδόμησεν ⟦αὐτοῦ τὴν⟧ οἰκίαν ἐπὶ τὴν
ἄμμον· καὶ κατέβη ἡ βροχὴ καὶ ἦλθον οἱ ποταμοὶ ⟦καὶ
ἔπνευσαν οἱ ἄνεμοι⟧ καὶ προσέκοψαν τῇ οἰκίᾳ ἐκείνῃ, καὶ εὐθὺς
ἔπεσεν καὶ ἦν ⟦ἡ πτῶσις⟧ αὐτῆς μεγά⟦λη⟧.

Q 7,1.3.6b-9.?10?
Mt 7,28a; 8,5-10.13 // Lk 7,1.3.6b-10

[1] ⟦καὶ ἐγένετο ὅτε⟧ ἐ⟦πλήρω⟧σεν .. τοὺς λόγους τούτους, εἰσ-
ῆλθεν εἰς Καφαρναούμ. [~~2~~] [3] <>ἦλθεν αὐτῷ ἑκατόνταρχ⟦ο⟧ς
παρακαλῶν αὐτὸν ⟦καὶ λέγων·⟧ ὁ παῖς ⟦μου κακῶς ἔχ<ει>. καὶ
λέγει αὐτῷ· ἐγὼ⟧ ἐλθὼν θεραπεύσ⟦ω⟧ αὐτόν; [~~4-6a~~] [6b.c] καὶ ἀπο-
κριθεὶς ὁ ἑκατόνταρχος ἔφη· κύριε, οὐκ εἰμὶ ἱκανὸς ἵνα μου ὑπὸ
τὴν στέγην εἰσέλθῃς, [7] ἀλλὰ εἰπὲ λόγῳ, καὶ ἰαθή⟦τω⟧ ὁ παῖς
μου. [8] καὶ γὰρ ἐγὼ ἄνθρωπός εἰμι ὑπὸ ἐξουσίαν, ἔχων ὑπ᾽
ἐμαυτὸν στρατιώτας, καὶ λέγω τούτῳ· πορεύθητι, καὶ
πορεύεται, καὶ ἄλλῳ· ἔρχου, καὶ ἔρχεται, καὶ τῷ δούλῳ μου·
ποίησον τοῦτο, καὶ ποιεῖ. [9] ἀκούσας δὲ ὁ Ἰησοῦς ἐθαύμασεν
καὶ εἶπεν τοῖς ἀκολουθοῦσιν· λέγω ὑμῖν, οὐδὲ ἐν τῷ Ἰσραὴλ
τοσαύτην πίστιν εὗρον. [?10?] <..>

Nicht nur Herr, Herr sagen

.. Was nennt ihr mich: Herr, Herr, und tut nicht, was ich sage?

Auf Fels oder Sand gebaut

47 Jeder, der meine Worte hört und sie tut, 48 ist einem Menschen gleich, der ⟦sein⟧ Haus auf dem Felsen baute; und der Regen ging hernieder, und die Sturzbäche kamen, ⟦und die Winde bliesen⟧ und stürzten auf jenes Haus, und es stürzte nicht ein, denn sein Fundament war auf den Felsen gelegt. 49 Und ⟦jeder⟧, der ⟦meine Worte⟧ hört und ⟦sie⟧ nicht tut, ist einem Menschen gleich, der ⟦sein⟧ Haus auf den Sand baute; und der Regen ging hernieder, und die Sturzbäche kamen, ⟦und die Winde bliesen⟧ und prallten gegen jenes Haus, und es stürzte sofort ein, und sein ⟦Einsturz⟧ war gewaltig.

Der Glaube eines Heiden an Jesu Wort
Q 7,1.3.6b-9.?10?

1 ⟦Und es geschah, als⟧ er .. diese Worte beendet hatte, ging er nach Kafarnaum hinein. ~~2~~ 3 Ein Zenturio kam zu ihm und bat ihn ⟦und sagte: Mein⟧ Bursche ⟦<ist> krank. Und er sagt ihm: Soll ich⟧ kommen und ihn heilen? ~~4-6a~~ 6b.c Und der Zenturio antwortete und sprach: Herr, ich bin nicht würdig, dass du unter mein Dach trittst, 7 aber sage es mit einem Wort, und mein Bursche ⟦soll⟧ geheilt ⟦werden⟧. 8 Denn auch ich bin ein Mensch unter einer Autorität, und ich habe unter mir Soldaten, und ich sage diesem: Geh, und er geht, und einem anderen: Komm, und er kommt, und meinem Sklaven: Tu dies, und er tut «es». 9 Als er aber das hörte, staunte Jesus und sagte denen, die ihm folgten: Ich sage euch, nicht einmal in Israel habe ich einen so großen Glauben gefunden. ?10? <..>

Q 7,18f.22f

Mt 11,2-6 // Lk 7,18f.22f

18 .. ὁ .. Ἰωάννης ⟦ἀκούσας περὶ πάντων τούτων⟧ πέμψ⟦ας⟧
διὰ τῶν μαθητῶν αὐτοῦ 19 ⟦εἶπεν⟧ αὐτῷ· σὺ εἶ ὁ ἐρχόμενος ἢ
⟦ἕτερ⟧ον προσδοκῶμεν; ~~20f.~~22 καὶ ἀποκριθεὶς εἶπεν αὐτοῖς·
πορευθέντες ἀπαγγείλατε Ἰωάννῃ ἃ ἀκούετε καὶ βλέπετε·
τυφλοὶ ἀναβλέπουσιν καὶ χωλοὶ περιπατοῦσιν, λεπροὶ καθα-
ρίζονται καὶ κωφοὶ ἀκούουσιν, καὶ νεκροὶ ἐγείρονται καὶ
πτωχοὶ εὐαγγελίζονται· 23 καὶ μακάριός ἐστιν ὃς ἐὰν μὴ σκαν-
δαλισθῇ ἐν ἐμοί.

Q 7,24-28

Mt 11,7-11 // Lk 7,24-28

24 τούτων δὲ ἀπελθόντων ἤρξατο λέγειν τοῖς ὄχλοις περὶ
Ἰωάννου· τί ἐξήλθατε εἰς τὴν ἔρημον θεάσασθαι; κάλαμον ὑπὸ
ἀνέμου σαλευόμενον; 25 ἀλλὰ τί ἐξήλθατε ἰδεῖν; ἄνθρωπον ἐν
μαλακοῖς ἠμφιεσμένον; ἰδοὺ οἱ τὰ μαλακὰ φοροῦντες ἐν τοῖς
οἴκοις τῶν βασιλέων εἰσίν. 26 ἀλλὰ τί ἐξήλθατε ἰδεῖν; προ-
φήτην; ναὶ λέγω ὑμῖν, καὶ περισσότερον προφήτου. 27 οὗτός
ἐστιν περὶ οὗ γέγραπται· ἰδοὺ ⟦ἐγὼ⟧ ἀποστέλλω τὸν
ἄγγελόν μου πρὸ προσώπου σου, ὃς κατασκευάσει τὴν ὁδόν
σου ἔμπροσθέν σου. 28 λέγω ὑμῖν· οὐκ ἐγήγερται ἐν γεννητοῖς
γυναικῶν μείζων Ἰωάννου· ὁ δὲ μικρότερος ἐν τῇ βασιλείᾳ τοῦ
θεοῦ μείζων αὐτοῦ ἐστιν.

Mk 1,2

Καθὼς γέγραπται ἐν τῷ Ἠσαΐᾳ τῷ προφήτῃ· ἰδοὺ ἀποστέλλω τὸν ἄγγελόν μου πρὸ προσώπου σου, ὃς κατασκευάσει τὴν ὁδόν σου·

Johannes, Jesus und die Kinder der Weisheit
Q 7,18-35

Johannes fragt: Bist du der Kommende?

18 Und ⟦als⟧ Johannes ⟦von all dem hörte⟧, schickte er und «ließ» ihn
durch seine Jünger 19 ⟦sagen⟧: Bist du der Kommende oder sollen wir
auf einen anderen warten? ~~20f.~~22 Und er antwortete und sagte ihnen:
Geht und berichtet Johannes, was ihr hört und seht: Blinde sehen
wieder, und Lahme gehen umher, Aussätzige werden rein, und Tau-
be hören, und Tote werden erweckt, und Arme bekommen eine
gute Botschaft. (Jes 26,19; 29,18f; 35,5f; 42,7.18; 61,1) 23 Und selig ist,
wer an mir nicht Anstoß nimmt.

Johannes – mehr als ein Prophet

24 Nachdem sie aber weggegangen waren, begann er zu der Volks-
menge über Johannes zu sagen: Was seid ihr in die Wüste hinausge-
gangen zu sehen? Ein Schilfrohr, das vom Wind hin- und herbewegt
wird? 25 Doch was seid ihr hinausgegangen zu sehen? Einen Men-
schen – fein gekleidet? Siehe, die feine Sachen tragen, sind in den
Palästen der Könige. 26 Doch was seid ihr hinausgegangen zu sehen?
Einen Propheten? Ja, ich sage euch, und mehr als einen Propheten.
27 Dieser ist es, über den geschrieben steht: Siehe, ich sende meinen
Boten vor deinem Angesicht her, der deinen Weg vor dir bereiten
wird. (Ex 23,20; Mal 3,1) 28 Ich sage euch: Unter den von Frauen Ge-
borenen ist kein größerer als Johannes aufgetreten. Doch ist der
Kleinste im Königreich Gottes größer als er.

Mk 1,2
Wie es im Propheten Jesaja geschrieben steht: Siehe, ich sende meinen Boten vor deinem Angesicht her, der deinen Weg bereiten wird.

EvThom 78,1-3
1 Jesus spricht: Weshalb seid ihr herausgegangen aufs Land? Um ein Schilf-
rohr zu sehen, das vom Wind hin- und herbewegt wird, 2 und um einen
Menschen zu sehen, der weiche Kleidung trägt [wie eure] Könige und eure

Q 7,⟦29f⟧
Mt 21,32 // Lk 7,29f

⟦29⟧ ⟦«ἦλθεν γὰρ Ἰωάννης πρὸς ὑμᾶς», .. οἱ .. τελῶναι καὶ ...
ἐ... σαν ... ⟧ ⟦30⟧ ⟦... δὲ ... αὐτ... .⟧

Q 7,31-35
Mt 11,16-19 // Lk 7,31-35

31 τίνι .. ὁμοιώσω τὴν γενεὰν ταύτην καὶ τίνι ἐ<στ>ὶν ὁμοί<α>;
32 ὁμοία ἐστὶν παιδίοις καθημένοις ἐν ⟦ταῖς⟧ ἀγορ⟦αῖς⟧ ἃ προσφωνοῦντα ⟦τοῖς ἑτέρ⟧οις λέγουσιν· ηὐλήσαμεν ὑμῖν καὶ οὐκ ὠρχήσασθε, ἐθρηνήσαμεν καὶ οὐκ ἐκλαύσατε.
33 ἦλθεν γὰρ Ἰωάννης μὴ.. ἐσθίων μήτε πίνων, καὶ λέγετε· δαιμόνιον ἔχει.
34 ἦλθεν ὁ υἱὸς τοῦ ἀνθρώπου ἐσθίων καὶ πίνων, καὶ λέγετε· ἰδοὺ ἄνθρωπος φάγος καὶ οἰνοπότης, τελωνῶν φίλος καὶ ἁμαρτωλῶν.
35 καὶ ἐδικαιώθη ἡ σοφία ἀπὸ τῶν τέκνων αὐτῆς.

Vornehmen? 3 Sie tragen weiche Kleidung und werden die Wahrheit nicht
erkennen können.

EvThom 46
1 Jesus spricht: Von Adam bis zu Johannes dem Täufer gibt es unter den von
Frauen Geborenen keinen Größeren als Johannes den Täufer, so dass sich
seine Augen nicht senken müssen. 2 Ich habe aber (auch) gesagt: Wer unter
euch klein werden wird, wird das Königreich erkennen und wird größer als
Johannes sein.

⟦Für und gegen Johannes⟧

⟦29⟧ ⟦«Denn Johannes kam zu euch», ... die Zöllner und ... «rea-
gierten positiv»,⟧ ⟦30⟧ ⟦aber «die religiösen Autoritäten lehnten» ihn
«ab».⟧

Diese Generation und die Kinder der Weisheit

31 .. Wem soll ich diese Generation vergleichen, und wem <ist sie>
gleich? 32 Sie ist Kindern gleich, die auf ⟦den⟧ Marktplätz⟦en⟧ sitzen.
Sie rufen den ⟦andern⟧ zu und sagen: Wir spielten euch mit der Flöte
auf, und ihr habt nicht getanzt, wir stimmten Klagelieder an, und ihr
habt nicht geweint. 33 Denn Johannes kam, er aß nicht und trank
nicht, und ihr sagt: Er hat einen Dämon. 34 Der Menschensohn kam,
er aß und trank, und ihr sagt: Siehe «dieser» Mensch, ein Fresser und
Säufer, ein Freund von Zöllnern und Sündern. 35 Und Recht bekam
die Weisheit von ihren Kindern.

Q 9,57-60.⟦~~61f~~⟧
Mt 8,19-22 // Lk 9,57-62

57 καὶ εἶπέν τις αὐτῷ· ἀκολουθήσω σοι ὅπου ἐὰν ἀπέρχῃ. 58 καὶ
εἶπεν αὐτῷ ὁ Ἰησοῦς· αἱ ἀλώπεκες φωλεοὺς ἔχουσιν καὶ τὰ
πετεινὰ τοῦ οὐρανοῦ κατασκηνώσεις, ὁ δὲ υἱὸς τοῦ ἀνθρώπου
οὐκ ἔχει ποῦ τὴν κεφαλὴν κλίνῃ. 59 ἕτερος δὲ εἶπεν αὐτῷ· κύριε,
ἐπίτρεψόν μοι πρῶτον ἀπελθεῖν καὶ θάψαι τὸν πατέρα μου.
60 εἶπεν δὲ αὐτῷ· ἀκολούθει μοι καὶ ἄφες τοὺς νεκροὺς θάψαι
τοὺς ἑαυτῶν νεκρούς. ⟦~~61f~~⟧

Q 10,2
Mt 9,37f // Lk 10,2

..λεγε... τοῖς μαθηταῖς αὐτοῦ· ὁ μὲν θερισμὸς πολύς, οἱ δὲ ἐργάται ὀλίγοι· δεήθητε οὖν τοῦ κυρίου τοῦ θερισμοῦ ὅπως ἐκβάλῃ ἐργάτας εἰς τὸν θερισμὸν αὐτοῦ.

Q 10,3
Mt 10,16 // Lk 10,3

ὑπάγετε· ἰδοὺ ἀποστέλλω ὑμᾶς ὡς πρόβατα ἐν μέσῳ λύκων.

B. Die Boten des Menschensohnes
Q 9,57–11,13

Radikale Nachfolge
Q 9,57-60.⟦~~61f~~⟧

[57] Und einer sagte ihm: Ich will dir folgen, wohin du auch gehst.
[58] Und Jesus sagte ihm: Die Füchse haben Höhlen und die Vögel des
Himmels Nester, der Menschensohn aber hat nichts, wohin er sei-
nen Kopf legen kann. [59] Ein anderer aber sagte ihm: Herr, gestatte
mir, zuvor fortzugehen und meinen Vater zu begraben. [60] Er aber
sagte ihm: Folge mir, und lass die Toten ihre Toten begraben. ⟦[61f]⟧

EvThom 86
[1] Jesus spricht: [Die Füchse haben ihre Höhlen], und die Vögel haben ihr Nest. [2] Aber der Menschensohn hat keinen Platz, wohin er seinen Kopf legen (und) ausruhen kann.

Missionsinstruktion
Q 10,2-16

Arbeiter für die Ernte

Er sagte seinen Jüngern: Die Ernte ist zwar groß, Arbeiter gibt es aber nur wenige; bittet daher den Herrn der Ernte, dass er Arbeiter zu seiner Ernte hinausschicke.

EvThom 73
Jesus spricht: Die Ernte ist zwar groß, Arbeiter gibt es aber «nur» wenige. Bittet aber den Herrn, dass er Arbeiter zur Ernte hinausschicke.

Wie Schafe unter Wölfe

Geht! Siehe, ich sende euch wie Schafe mitten unter Wölfe.

Q 10,4
Mt 10,9-10a // Lk 10,4

μὴ βαστάζετε ⟦βαλλάντιον⟧, μὴ πήραν, μὴ ὑποδήματα, μηδὲ ῥάβδον· καὶ μηδένα κατὰ τὴν ὁδὸν ἀσπάσησθε.

Mk 6,8f
8 καὶ παρήγγειλεν αὐτοῖς ἵνα μηδὲν αἴρωσιν εἰς ὁδὸν εἰ μὴ ῥάβδον μόνον, μὴ ἄρτον, μὴ πήραν, μὴ εἰς τὴν ζώνην χαλκόν, 9 ἀλλὰ ὑποδεδεμένους σανδάλια, καὶ μὴ ἐνδύσησθε δύο χιτῶνας.

Q 10,5-12
Mt 10,7f.10b-15 // Lk 10,5-12

5 εἰς ἣν δ' ἂν εἰσέλθητε οἰκίαν, ⟦πρῶτον⟧ λέγετε· εἰρήνη ⟦τῷ οἴκῳ τούτῳ⟧. 6 καὶ ἐὰν μὲν ἐκεῖ ᾖ υἱὸς εἰρήνης, ἐλθάτω ἡ εἰρήνη ὑμῶν ἐπ' αὐτὸν· ε⟦ἰ⟧ δὲ μή, ἡ εἰρήνη ὑμῶν ⟦ἐφ'⟧ ὑμᾶς ⟦ἐπιστραφήτω⟧. 7 ⟦ἐν αὐτῇ δὲ τῇ οἰκίᾳ⟧ μέν⟦ε⟧τε «ἐσθίοντες καὶ πίνοντες τὰ παρ' αὐτῶν»· ἄξιος γὰρ ὁ ἐργάτης τοῦ μισθοῦ αὐτοῦ. ⟦μὴ μεταβαίνετε ἐξ οἰκίας εἰς οἰκίαν.⟧ 8 καὶ εἰς ἣν ἂν πόλιν εἰσ⟦έρχησθε⟧, καὶ δέχωνται ὑμᾶς, ⟦«ἐσθίετε τὰ παρατιθέμενα ὑμῖν»⟧ 9 καὶ θεραπεύετε τοὺς ἐν αὐτῇ ἀσθεν⟦οῦντας⟧ καὶ λέγετε ⟦αὐτοῖς⟧· .. ἤγγικεν ἐφ' ὑμᾶς ἡ βασιλεία τοῦ θεοῦ. 10 εἰς ἣν δ' ἂν πόλιν εἰσέλθητε καὶ μὴ δέχωνται ὑμᾶς, ἐξ⟦ερχόμενοι ἔξω⟧ τ⟦ῆς πόλεως ἐκείνης⟧ 11 ἐκτινάξατε τὸν κονιορτὸν τῶν ποδῶν ὑμῶν. 12 λέγω ὑμῖν ⟦ὅτι⟧ Σοδόμοις ἀνεκτότερον ἔσται ἐν τῇ ἡμέρᾳ ἐκείνῃ ἢ τῇ πόλει ἐκείνῃ.

Mk 1,14b-15
14b κηρύσσων τὸ εὐαγγέλιον τοῦ θεοῦ 15 καὶ λέγων ὅτι πεπλήρωται ὁ καιρὸς καὶ ἤγγικεν ἡ βασιλεία τοῦ θεοῦ· μετανοεῖτε καὶ πιστεύετε ἐν τῷ εὐαγγελίῳ.

Mk 6,10b-13
10b ὅπου ἐὰν εἰσέλθητε εἰς οἰκίαν, ἐκεῖ μένετε ἕως ἂν ἐξέλθητε ἐκεῖθεν. 11 καὶ ὃς ἂν τόπος μὴ δέξηται ὑμᾶς μηδὲ ἀκούσωσιν ὑμῶν, ἐκπορευόμενοι ἐκεῖθεν ἐκτινάξατε τὸν χοῦν τὸν ὑποκάτω τῶν ποδῶν

Ohne Ausrüstung

Tragt keinen ⟦Geldbeutel⟧, keinen Proviantsack, keine Sandalen, auch keinen Stock, und grüßt niemanden unterwegs. (2 Kön 4,29)

Mk 6,8f
[8] Und er gebot ihnen, nichts auf den Weg mitzunehmen, außer einen Stock allein, kein Brot, keinen Proviantsack, kein Kupfer(geld) im Gürtel, [9] aber Sandalen unterzubinden, und: Zieht nicht zwei Untergewänder an!

Verhalten in Häusern und Städten

[5] Wenn ihr aber in ein Haus hineingeht, sagt ⟦als erstes⟧: Friede ⟦diesem Haus⟧. [6] Und wenn dort ein Sohn des Friedens ist, soll euer Friede zu ihm kommen; wenn aber nicht, ⟦soll⟧ euer Friede ⟦zu⟧ euch ⟦zurückkehren⟧. [7] Bleibt ⟦in diesem Haus⟧, «esst und trinkt, was sie euch geben», denn der Arbeiter ist seines Lohnes wert. ⟦Wechselt nicht von Haus zu Haus.⟧ [8] Und wenn ihr in eine Stadt hineingeht, und sie nehmen euch auf, ⟦«esst, was euch vorgesetzt wird»⟧. [9] Und heilt die Kranken in ihr und sagt ⟦ihnen⟧: Nahe zu euch ist die Königsherrschaft Gottes gekommen. [10] Wenn ihr aber in eine Stadt hineingeht, und sie nehmen euch nicht auf, geht weg ⟦aus jener Stadt⟧, [11] und schüttelt den Staub eurer Füße ab. [12] Ich sage euch: Sodom wird es an jenem Tag erträglicher ergehen als jener Stadt.

Mk 1,14b-15
[14b] Er verkündete das Evangelium Gottes [15] und sprach: Die Zeit ist erfüllt, und die Königsherrschaft Gottes ist nahe; kehrt um, und glaubt an das Evangelium!

Mk 6,10b-13
[10b] Wo auch immer ihr in ein Haus hineingeht, bleibt dort, bis ihr von dort weggeht. [11] Und wenn euch ein Ort nicht aufnimmt und sie euch nicht hören, dann zieht weg von dort und schüttelt den Staub ab, den ihr an euren

ὑμῶν εἰς μαρτύριον αὐτοῖς. [12] Καὶ ἐξελθόντες ἐκήρυξαν ἵνα μετανοῶσιν, [13] καὶ δαιμόνια πολλὰ ἐξέβαλλον, καὶ ἤλειφον ἐλαίῳ πολλοὺς ἀρρώστους καὶ ἐθεράπευον.

Q 10,13-15
Mt 11,21-24 // Lk 10,13-15

[13] οὐαί σοι, Χοραζίν· οὐαί σοι, Βηθσαϊδά· ὅτι εἰ ἐν Τύρῳ καὶ Σιδῶνι ἐγενήθησαν αἱ δυνάμεις αἱ γενόμεναι ἐν ὑμῖν, πάλαι ἂν ἐν σάκκῳ καὶ σποδῷ μετενόησαν. [14] πλὴν Τύρῳ καὶ Σιδῶνι ἀνεκτότερον ἔσται ἐν τῇ κρίσει ἢ ὑμῖν. [15] καὶ σύ, Καφαρναούμ, μὴ ἕως οὐρανοῦ ὑψωθήσῃ; ἕως τοῦ ᾅδου καταβήσῃ.

Q 10,16
Mt 10,40 // Lk 10,16

ὁ δεχόμενος ὑμᾶς ἐμὲ δέχεται, ⟦καὶ⟧ ὁ ἐμὲ δεχόμενος δέχεται τὸν ἀποστείλαντά με.

Mk 9,37
ὃς ἂν ἓν τῶν τοιούτων παιδίων δέξηται ἐπὶ τῷ ὀνόματί μου, ἐμὲ δέχεται· καὶ ὃς ἂν ἐμὲ δέχηται, οὐκ ἐμὲ δέχεται ἀλλὰ τὸν ἀποστείλαντά με.

Füßen habt, ihnen zum Zeugnis. [12] Und sie gingen weg und verkündigten, dass sie umkehren, [13] und sie trieben viele Dämonen aus und salbten viele Kranke mit Öl und heilten sie.

EvThom 14,4a-c
Und wenn ihr in irgendein Land kommt und wandert von Ort zu Ort (und) wenn sie euch aufnehmen, (dann) esst, was euch vorgesetzt wird. Die Kranken unter ihnen heilt!

Weherufe gegen galiläische Städte

[13] Wehe dir, Chorazin! Wehe dir, Betsaida! Denn wenn in Tyrus und Sidon die Machttaten geschehen wären, die bei euch geschehen sind, längst wären sie in Sack und Asche umgekehrt. [14] Doch Tyrus und Sidon wird es erträglicher ergehen im Gericht als euch. [15] Und du, Kafarnaum, wirst du etwa zum Himmel erhöht werden? Zum Totenreich wirst du hinabstürzen. (Jes 14,13.15)

Wer euch aufnimmt, nimmt mich auf

Wer euch aufnimmt, nimmt mich auf, ⟦und⟧ wer mich aufnimmt, nimmt den auf, der mich gesandt hat.

Mk 9,37
Wer eines von solchen Kindern in meinem Namen aufnimmt, nimmt mich auf; und wer mich aufnimmt, nimmt nicht mich auf, sondern den, der mich gesandt hat.

Q 10,21
Mt 11,25f // Lk 10,21

ἐν ... εἶπεν· ἐξομολογοῦμαί σοι, πάτερ, κύριε τοῦ οὐρανοῦ καὶ τῆς γῆς, ὅτι ἔκρυψας ταῦτα ἀπὸ σοφῶν καὶ συνετῶν καὶ ἀπεκάλυψας αὐτὰ νηπίοις· ναὶ ὁ πατήρ, ὅτι οὕτως εὐδοκία ἐγένετο ἔμπροσθέν σου.

Q 10,22
Mt 11,27 // Lk 10,22

πάντα μοι παρεδόθη ὑπὸ τοῦ πατρός μου, καὶ οὐδεὶς γινώσκει τὸν υἱὸν εἰ μὴ ὁ πατήρ, οὐδὲ τὸν πατέρα ⟦τις γινώσκει⟧ εἰ μὴ ὁ υἱὸς καὶ ᾧ ἐὰν βούληται ὁ υἱὸς ἀποκαλύψαι.

Q 10,23f
Mt 13,16f // Lk 10,23f

[23] μακάριοι οἱ ὀφθαλμοὶ οἱ βλέποντες ἃ βλέπετε .. . [24] λέγω γὰρ ὑμῖν ὅτι πολλοὶ προφῆται καὶ βασιλεῖς ... ησαν ἰδεῖν ἃ βλέπετε καὶ οὐκ εἶδαν, καὶ ἀκοῦσαι ἃ ἀκούετε καὶ οὐκ ἤκουσαν.

Das Geheimnis des Sohnes
Q 10,21-24

Weisen verborgen, Unmündigen enthüllt

In «diesem Augenblick» sagte er: Ich preise dich, Vater, Herr des Himmels und der Erde, denn du hast dies vor Weisen und Gebildeten verborgen und es Unmündigen enthüllt. Ja, Vater, denn so war es wohlgefällig vor dir. (Sir 51,1f)

Alles ist dem Sohn übergeben

Alles wurde mir von meinem Vater übergeben, und keiner kennt den Sohn, nur der Vater, und ⟦keiner kennt⟧ den Vater, nur der Sohn und der, dem es der Sohn enthüllen will.

EvThom 61,3b
Mir ist gegeben worden von dem, was meines Vaters ist.

Selig, die sehen, was ihr seht

23 Selig die Augen, die sehen, was ihr seht .. . 24 Denn ich sage euch: Viele Propheten und Könige wünschten zu sehen, was ihr seht, und sahen es nicht, und zu hören, was ihr hört, und hörten es nicht.

Q 11,2b-4
Mt 6,7-13 // Lk 11,1-4

2 ⟦ὅταν⟧ προσεύχ⟦η⟧σθε ⟦λέγετε⟧· Πάτερ, ἁγιασθήτω τὸ ὄνομά σου· ἐλθέτω ἡ βασιλεία σου· 3 τὸν ἄρτον ἡμῶν τὸν ἐπιούσιον δὸς ἡμῖν σήμερον· 4 καὶ ἄφες ἡμῖν τὰ ὀφειλήματα ἡμῶν, ὡς καὶ ἡμεῖς ἀφήκαμεν τοῖς ὀφειλέταις ἡμῶν· καὶ μὴ εἰσενέγκῃς ἡμᾶς εἰς πειρασμόν.

Q 11,9-13
Mt 7,7-11 // Lk 11,9-13

9 λέγω ὑμῖν, αἰτεῖτε καὶ δοθήσεται ὑμῖν, ζητεῖτε καὶ εὑρήσετε, κρούετε καὶ ἀνοιγήσεται ὑμῖν· 10 πᾶς γὰρ ὁ αἰτῶν λαμβάνει καὶ ὁ ζητῶν εὑρίσκει καὶ τῷ κρούοντι ἀνοιγήσεται. 11 .. τίς ἐστιν ἐξ ὑμῶν ἄνθρωπος, ὃν αἰτήσει ὁ υἱὸς αὐτοῦ ἄρτον, μὴ λίθον ἐπιδώσει αὐτῷ; 12 ἢ καὶ ἰχθὺν αἰτήσει, μὴ ὄφιν ἐπιδώσει αὐτῷ; 13 εἰ οὖν ὑμεῖς πονηροὶ ὄντες οἴδατε δόματα ἀγαθὰ διδόναι τοῖς τέκνοις ὑμῶν, πόσῳ μᾶλλον ὁ πατὴρ ἐξ οὐρανοῦ δώσει ἀγαθὰ τοῖς αἰτοῦσιν αὐτόν.

Das Gebet der Jünger
Q 11,2b-4.9-13

Das Gebet zum Vater

[2] ⟦Wenn⟧ ihr betet, ⟦sagt⟧: Vater, dein Name werde geheiligt. Deine Königsherrschaft komme. [3] Unser Brot für den Tag gib uns heute. [4] Und erlass uns unsere Schulden, wie auch wir «sie» unseren Schuldnern erlassen haben. Und führe uns nicht in Versuchung.

Den Bittenden wird gegeben

[9] Ich sage euch: Bittet, und euch wird gegeben werden, sucht, und ihr werdet finden, klopft an, und euch wird geöffnet werden. [10] Denn jeder, der bittet, empfängt, und jeder, der sucht, findet, und jedem, der anklopft, wird geöffnet werden. [11] .. Wer von euch ist ein Mensch, der, wenn sein Sohn ihn um ein Brot bittet, ihm einen Stein geben würde? [12] Oder der ihm, wenn er ihn um einen Fisch bittet, eine Schlange geben würde? [13] Wenn also ihr, die ihr schlecht seid, euren Kindern gute Gaben zu geben wisst, um wieviel mehr wird der Vater vom Himmel Gutes denen geben, die ihn bitten.

EvThom 92,1
Jesus spricht: Sucht, und ihr werdet finden.

EvThom 94
[1] Jesus [spricht]: Der, der sucht, wird finden, [2] [dem, der anklopft,] wird geöffnet werden.

Q 11,14f.17-20
Mt 9,32-34; 12,25-28 // Lk 11,14f.17-20

14 καὶ ἐ⟦<ξέ>⟧βαλ⟦<εν>⟧ δαιμόνιον κωφόν· καὶ ἐκβληθέντος τοῦ
δαιμονίου ἐλάλησεν ὁ κωφὸς καὶ ἐθαύμασαν οἱ ὄχλοι. 15 τινὲς
δὲ εἶπον· ἐν Βεελζεβοὺλ τῷ ἄρχοντι τῶν δαιμονίων ἐκβάλλει
τὰ δαιμόνια. 17 εἰδὼς δὲ τὰ διανοήματα αὐτῶν εἶπεν αὐτοῖς·
πᾶσα βασιλεία μερισθεῖσα ⟦καθ'⟧ ἑαυτῆ⟦ς⟧ ἐρημοῦται καὶ
πᾶσα οἰκία μερισθεῖσα καθ' ἑαυτῆς οὐ σταθήσεται. 18 καὶ εἰ ὁ
σατανᾶς ἐφ' ἑαυτὸν ἐμερίσθη, πῶς σταθήσεται ἡ βασιλεία
αὐτοῦ; 19 καὶ εἰ ἐγὼ ἐν Βεελζεβοὺλ ἐκβάλλω τὰ δαιμόνια, οἱ
υἱοὶ ὑμῶν ἐν τίνι ἐκβάλλουσιν; διὰ τοῦτο αὐτοὶ κριταὶ ἔσονται
ὑμῶν. 20 εἰ δὲ ἐν δακτύλῳ θεοῦ ἐγὼ ἐκβάλλω τὰ δαιμόνια, ἄρα
ἔφθασεν ἐφ' ὑμᾶς ἡ βασιλεία τοῦ θεοῦ.

→ Q 11,16 unten nach Q 11,?27f?.

Mk 3,22-26
22 καὶ οἱ γραμματεῖς οἱ ἀπὸ Ἱεροσολύμων καταβάντες ἔλεγον ὅτι
Βεελζεβοὺλ ἔχει, καὶ ὅτι ἐν τῷ ἄρχοντι τῶν δαιμονίων ἐκβάλλει τὰ
δαιμόνια. 23 καὶ προσκαλεσάμενος αὐτοὺς ἐν παραβολαῖς ἔλεγεν
αὐτοῖς· πῶς δύναται Σατανᾶς Σατανᾶν ἐκβάλλειν; 24 καὶ ἐὰν βασι-
λεία ἐφ' ἑαυτὴν μερισθῇ, οὐ δύναται σταθῆναι ἡ βασιλεία ἐκείνη·
25 καὶ ἐὰν οἰκία ἐφ' ἑαυτὴν μερισθῇ, οὐ δυνήσεται ἡ οἰκία ἐκείνη
σταθῆναι. 26 καὶ εἰ ὁ Σατανᾶς ἀνέστη ἐφ' ἑαυτὸν καὶ ἐμερίσθη, οὐ
δύναται στῆναι ἀλλὰ τέλος ἔχει.

C. Jesus im Konflikt mit dieser Generation Q 11,14-52

Zurückweisung des Beelzebul-Vorwurfs Q 11,14-26

Jesu Dämonenaustreibungen und Gottes Königsherrschaft

[14] Und er trieb einen Dämon aus, «der einen Menschen» stumm «sein ließ». Und als der Dämon ausgetrieben war, begann der Stumme zu sprechen. Und die Volksmenge staunte. [15] Einige aber sagten: Mit Beelzebul, dem Herrscher der Dämonen, treibt er die Dämonen aus! [17] Er aber durchschaute ihre Gedanken und sagte ihnen: Jedes Königreich, das in sich geteilt ist, wird zur Wüste, und jedes Haus, das in sich geteilt ist, wird nicht bestehen bleiben. [18] Und wenn der Satan in sich geteilt ist, wie wird sein Königreich bestehen bleiben? [19] Und wenn ich mit Beelzebul die Dämonen austreibe, mit wem treiben eure Söhne «sie» aus? Darum werden sie selbst eure Richter sein. [20] Wenn ich aber mit dem Finger Gottes die Dämonen austreibe, so ist die Königsherrschaft Gottes schon bei euch da.

Mk 3,22-26
[22] Die Schriftgelehrten, die von Jerusalem herabgekommen waren, sagten: Er hat Beelzebul und mit dem Herrscher der Dämonen treibt er die Dämonen aus. [23] Und er rief sie zu sich und in Gleichnissen sagte er ihnen: Wie kann der Satan den Satan austreiben? [24] Wenn ein Königreich in sich geteilt ist, kann jenes Königreich nicht bestehen bleiben. [25] Und wenn ein Haus in sich geteilt ist, kann jenes Haus nicht bestehen bleiben. [26] Und wenn der Satan gegen sich selbst aufsteht und geteilt ist, kann er nicht bestehen bleiben, sondern er hat ein Ende.

Q 11,⟦21f⟧
Mt 12,29 // Lk 11,21f

⟦21f⟧ ⟦< >⟧

Mk 3,27
ἀλλ᾽ οὐ δύναται οὐδεὶς εἰς τὴν οἰκίαν τοῦ ἰσχυροῦ εἰσελθὼν τὰ σκεύη αὐτοῦ διαρπάσαι, ἐὰν μὴ πρῶτον τὸν ἰσχυρὸν δήσῃ, καὶ τότε τὴν οἰκίαν αὐτοῦ διαρπάσει.

Q 11,23
Mt 12,30 // Lk 11,23

ὁ μὴ ὢν μετ᾽ ἐμοῦ κατ᾽ ἐμοῦ ἐστιν, καὶ ὁ μὴ συνάγων μετ᾽ ἐμοῦ σκορπίζει.

Mk 9,40
ὃς γὰρ οὐκ ἔστιν καθ᾽ ἡμῶν, ὑπὲρ ἡμῶν ἐστιν.

Q 11,24-26
Mt 12,43-45 // Lk 11,24-26

24 ὅταν τὸ ἀκάθαρτον πνεῦμα ἐξέλθῃ ἀπὸ τοῦ ἀνθρώπου, διέρχεται δι᾽ ἀνύδρων τόπων ζητοῦν ἀνάπαυσιν καὶ οὐχ εὑρίσκει. ⟦τότε⟧ λέγει· εἰς τὸν οἶκόν μου ἐπιστρέψω ὅθεν ἐξ-ῆλθον· 25 καὶ ἐλθὸν εὑρίσκει σεσαρωμένον καὶ κεκοσμημένον. 26 τότε πορεύεται καὶ παραλαμβάνει μεθ᾽ ἑαυτοῦ ἑπτὰ ἕτερα πνεύματα πονηρότερα ἑαυτοῦ καὶ εἰσελθόντα κατοικεῖ ἐκεῖ· καὶ γίνεται τὰ ἔσχατα τοῦ ἀνθρώπου ἐκείνου χείρονα τῶν πρώτων.

⟦Einen Starken berauben⟧

⟦21⟧ ⟦«Ein Starker kann nicht beraubt werden,»⟧ ⟦22⟧ ⟦«wenn aber ein Stärkerer ihn besiegt, wird er beraubt.»⟧

Mk 3,27
Aber niemand kann in das Haus eines Starken hineingehen und ihm seinen Hausrat ausrauben, wenn er nicht zuerst den Starken fesselt, und dann wird er sein Haus ausrauben.

EvThom 35
1 Jesus spricht: Es ist nicht möglich, dass jemand in das Haus des Starken hineingeht (und) es gewaltsam nimmt, es sei denn, er fesselt dessen Hände.
2 Dann wird er sein Haus ausplündern [wörtl.: verwandeln bzw. umändern (μετατιθέναι)].

Wer nicht mit mir ist

Wer nicht mit mir ist, der ist gegen mich, und wer nicht mit mir einsammelt, der zerstreut.

Mk 9,40
Denn wer nicht gegen uns ist, ist für uns.

Die Rückkehr des unreinen Geistes

24 Wenn der unreine Geist aus einem Menschen hinausgegangen ist, geht er durch wasserlose Gegenden und sucht einen Ruheplatz und findet ihn nicht. ⟦Dann⟧ sagt er: Ich will in mein Haus zurückkehren, von wo ich hinausgegangen bin. 25 Und er kommt und findet es gefegt und geordnet. 26 Dann geht er und nimmt mit sich sieben andere Geister, böser als er selbst, und sie gehen hinein und wohnen dort. Und der letzte «Zustand» jenes Menschen wird schlimmer als der erste sein.

Q 11,?27f?
Lk 11,27f

..

Q 11,16.29f
Mt 12,38-40 // Lk 11,16.29f

[16] τινὲς ⟦δὲ⟧ .. ἐζήτουν παρ᾽ αὐτοῦ σημεῖον. [29] ⟦ὁ⟧ δὲ .. ⟦εἶπεν⟧ ..· ἡ γενεὰ αὕτη γενεὰ πονηρά .. ἐστιν· σημεῖον ζητεῖ, καὶ σημεῖον οὐ δοθήσεται αὐτῇ εἰ μὴ τὸ σημεῖον Ἰωνᾶ. [30] ⟦καθ⟧ὼς γὰρ ἐγένετο Ἰωνᾶς τοῖς Νινευίταις σημεῖον, οὕτως ἔσται ⟦καὶ⟧ ὁ υἱὸς τοῦ ἀνθρώπου τῇ γενεᾷ ταύτῃ.

Mk 8,11f
[11] Καὶ ἐξῆλθον οἱ Φαρισαῖοι καὶ ἤρξαντο συζητεῖν αὐτῷ, ζητοῦντες παρ᾽ αὐτοῦ σημεῖον ἀπὸ τοῦ οὐρανοῦ, πειράζοντες αὐτόν. [12] καὶ ἀναστενάξας τῷ πνεύματι αὐτοῦ λέγει· τί ἡ γενεὰ αὕτη ζητεῖ σημεῖον; ἀμὴν λέγω ὑμῖν, εἰ δοθήσεται τῇ γενεᾷ ταύτῃ σημεῖον.

Q 11,31f
Mt 12,41f // Lk 11,31f

[31] βασίλισσα νότου ἐγερθήσεται ἐν τῇ κρίσει μετὰ τῆς γενεᾶς ταύτης καὶ κατακρινεῖ αὐτήν, ὅτι ἦλθεν ἐκ τῶν περάτων τῆς γῆς ἀκοῦσαι τὴν σοφίαν Σολομῶνος, καὶ ἰδοὺ πλεῖον Σολομῶνος ὧδε. [32] ἄνδρες Νινευῖται ἀναστήσονται ἐν τῇ κρίσει

?Gottes Wort hören und befolgen?

..

EvThom 79,1f
[1] Eine Frau in der Menge sprach zu ihm: Selig der Leib, der dich getragen hat, und die Brüste, die dich ernährt haben. [2] Er sprach zu [ihr]: Selig sind die, die das Wort des Vaters gehört haben (und) es wahrhaft beachtet haben.

Die Ablehnung der Zeichenforderung Q 11,16.29-35

Das Zeichen des Jona

[16] Einige .. ⟦aber⟧ forderten ein Zeichen von ihm. [29] ⟦Er⟧ aber .. ⟦sagte⟧ ..: Diese Generation ist eine böse .. Generation; sie fordert ein Zeichen, und ein Zeichen wird ihr nicht gegeben werden, nur das Zeichen des Jona! [30] Denn wie Jona für die Niniviten zum Zeichen wurde, so wird es ⟦auch⟧ der Menschensohn für diese Generation sein.

Mk 8,11f
[11] Und die Pharisäer kamen heraus und begannen mit ihm zu streiten und forderten von ihm ein Zeichen vom Himmel, um ihn zu versuchen. [12] Und er seufzte in seinem Geist auf und sagt: Was fordert diese Generation ein Zeichen? Amen, ich sage euch: Keinesfalls wird dieser Generation ein Zeichen gegeben werden.

Mehr als Salomo und Jona

[31] Die Königin des Südens wird beim Gericht zusammen mit dieser Generation auferweckt werden, und sie wird sie verurteilen; denn sie ist von den Enden der Erde gekommen, um die Weisheit Salomos zu hören, und siehe, mehr als Salomo ist hier. [32] Die Männer von

τῆς γενεᾶς ταύτης καὶ κατακρινοῦσιν αὐτήν, ὅτι μετενόησαν εἰς τὸ κήρυγμα Ἰωνᾶ, καὶ ἰδοὺ πλεῖον Ἰωνᾶ ὧδε.

Q 11,33
Mt 5,15 // Lk 11,33

οὐδεὶς καί<ει> λύχνον καὶ τίθησιν αὐτὸν ⟦εἰς κρύπτην⟧ ἀλλ' ἐπὶ τὴν λυχνίαν, ⟦καὶ λάμπει πᾶσιν τοῖς ἐν τῇ οἰκίᾳ⟧.

Mk 4,21b-c
μήτι ἔρχεται ὁ λύχνος ἵνα ὑπὸ τὸν μόδιον τεθῇ ἢ ὑπὸ τὴν κλίνην; οὐχ ἵνα ἐπὶ τὴν λυχνίαν τεθῇ;

Q 11,34f.⟦~~36~~⟧
Mt 6,22f // Lk 11,34-36

[34] ὁ λύχνος τοῦ σώματός ἐστιν ὁ ὀφθαλμός. ... αν ὁ ὀφθαλμός σου ἁπλοῦς ᾖ, ὅλον τὸ σῶμά σου φωτεινόν ἐστ⟦ιν⟧· ... ἀν δὲ ὁ ὀφθαλμός σου πονηρὸς ᾖ, ὅλον τὸ σῶμά σου σκοτεινόν. [35] εἰ οὖν τὸ φῶς τὸ ἐν σοὶ σκότος ἐστίν, τὸ σκότος πόσον. ⟦~~36~~⟧

EvThom 24,3 (P. Oxy. 655)
[φῶς ἐσ]τιν [ἐν ἀνθρώπῳ φ]ωτεινῷ, [καὶ φωτίζει τῷ κ]όσμῳ [ὅλῳ· ἐὰν μὴ φωτίζ]ῃ, [τότε σκοτεινός ἐ]στιν.

Ninive werden beim Gericht zusammen mit dieser Generation auferstehen, und sie werden sie verurteilen; denn sie sind auf die Predigt des Jona hin umgekehrt, und siehe, mehr als Jona ist hier.

Die Lampe auf dem Leuchter

Keiner zünde<t> eine Lampe an und stellt sie ⟦an einen verborgenen Platz⟧, sondern auf den Leuchter, ⟦und sie leuchtet allen im Haus⟧.

Mk 4,21b-c
Kommt etwa die Lampe, damit sie unter den Scheffel gestellt wird oder unter das Bett? Nicht, damit sie auf den Leuchter gestellt wird?

EvThom 33,2f
2 Denn keiner zündet eine Lampe an (und) stellt sie unter einen Scheffel, auch stellt er sie nicht an einen verborgenen Platz. 3 Vielmehr stellt er sie auf den Leuchter, damit ein jeder, der hereinkommt und herausgeht, ihr Licht sieht.

Das Licht in dir

34 Die Lampe des Leibes ist das Auge. Wenn dein Auge klar ist, ⟦ist⟧ dein ganzer Leib licht; wenn aber dein Auge schlecht ist, ist dein ganzer Leib finster. 35 Wenn also das Licht in dir Finsternis ist, wie groß ist die Finsternis! ⟦36⟧

EvThom 24,3 (P. Oxy. 655)
Es ist [Licht im Inneren eines] Licht[menschen, und er erleuchtet die ganze] Welt. [Wenn er nicht leuchtet, dann] ist [er finster].

EvThom 24,3 (Nag Hammadi II)
Es ist Licht im Inneren eines Lichtmenschen, und er erleuchtet die ganze Welt. Wenn er nicht leuchtet, ist er finster.

Q 11,?39a? 42.39b.⟦~~40.~~⟧ 41.43f

Mt 23,1-2a.5-7.23.25.26b-28 // Lk 11,39.41-44

?39a? .. 42 οὐαὶ ὑμῖν ⟦τοῖς⟧ Φαρισαίοι⟦ς⟧, ὅτι ἀποδεκατοῦτε τὸ ἡδύοσμον καὶ τὸ ἄνηθον καὶ τὸ κύμινον καὶ ⟦ἀφήκατε⟧ τὴν κρίσιν καὶ τὸ ἔλεος καὶ τὴν πίστιν· ταῦτα δὲ ἔδει ποιῆσαι κἀκεῖνα μὴ ⟦ἀφιέ⟧ναι. 39b οὐαὶ ὑμῖν, ⟦<τ>οῖ<ς>⟧ Φαρισαίοι⟦<ς>⟧, ὅτι καθαρίζετε τὸ ἔξωθεν τοῦ ποτηρίου καὶ τῆς παροψίδος, ἔσωθεν δὲ γέμ⟦ουσιν⟧ ἐξ ἁρπαγῆς καὶ ἀκρασίας. ⟦~~40~~⟧ 41 ⟦καθαρίσ<ατε>⟧ .. τὸ ἐντὸς τοῦ ποτηρίου, .. καὶ .. τὸ ἐκτὸς αὐτοῦ καθαρόν .. . 43 οὐαὶ ὑμῖν τοῖς Φαρισαίοις, ὅτι φιλ<εῖτε> ⟦τὴν πρωτοκλισίαν ἐν τοῖς δείπνοις καὶ⟧ τὴν πρωτοκαθεδρίαν ἐν ταῖς συναγωγαῖς καὶ τοὺς ἀσπασμοὺς ἐν ταῖς ἀγοραῖς. 44 οὐαὶ ὑμῖν, ⟦<τοῖς> Φαρισαῖοι<ς>,⟧ ὅτι ⟦ἐσ⟧τὲ ⟦ὡς⟧ τὰ μνημεῖα τὰ ἄδηλα, καὶ οἱ ἄνθρωποι οἱ περιπατοῦντες ἐπάνω οὐκ οἴδασιν.

Mk 12,38b-40

38b βλέπετε ἀπὸ τῶν γραμματέων τῶν θελόντων ἐν στολαῖς περιπατεῖν καὶ ἀσπασμοὺς ἐν ταῖς ἀγοραῖς 39 καὶ πρωτοκαθεδρίας ἐν ταῖς συναγωγαῖς καὶ πρωτοκλισίας ἐν τοῖς δείπνοις, 40 οἱ κατεσθίοντες τὰς οἰκίας τῶν χηρῶν καὶ προφάσει μακρὰ προσευχόμενοι· οὗτοι λήμψονται περισσότερον κρίμα.

Q 11,46b.52.47f

Mt 23,4.13.29-32 // Lk 11,46b-48.52

46b ⟦καὶ⟧ οὐαὶ ὑμῖν τοῖς ⟦νομικ⟧οῖς, ὅτι ⟦δεσμεύ⟧<ετε> φορτία ... ⟦καὶ ἐπιτίθ⟧<ετε> ⟦ἐπὶ τοὺς ὤμους τῶν ἀνθρώπων⟧, αὐτοὶ ⟦δὲ⟧ τῷ δακτύλῳ ὑμῶν οὐ ⟦θέλ⟧<ετε> ⟦κινῆσαι⟧ αὐτά. 52 οὐαὶ ὑμῖν τοῖς ⟦νομικ⟧οῖς, ὅτι κλείετε τ⟦ὴν βασιλείαν⟧ τ⟦<οῦ θεοῦ> ἔμπροσθεν τῶν ἀνθρώπων⟧· ὑμεῖς οὐκ εἰσήλθατε ⟦οὐδὲ⟧ τοὺς

Androhung des Gerichts
Q 11,39-52

Weherufe gegen Pharisäer

[?39a?] .. [42] Wehe euch, ⟦den⟧ Pharisäern, denn ihr verzehntet die Minze und den Dill und den Kümmel und ⟦lasst außer Acht⟧ das Recht und die Barmherzigkeit und die Treue. Dies aber wäre zu tun und jenes nicht außer Acht zu lassen. [39b] Wehe euch, ⟦<den>⟧ Pharisäern, denn ihr reinigt die Außenseite des Bechers und der Schüssel, innen aber ⟦sind sie⟧ voll von Raub und Gier. [⟦40⟧] [41] ⟦Reinigt⟧ .. den Inhalt des Bechers, ... und ... sein Äußeres ... rein ... . [43] Wehe euch, den Pharisäern, denn <ihr> liebt ⟦den Ehrenplatz bei den Gastmählern und⟧ den Ehrensitz in den Synagogen und die «ehrerbietigen» Grüße auf den Marktplätzen. [44] Wehe euch, ⟦<den> Pharisäern,⟧ denn ihr ⟦seid wie⟧ die unkenntlichen Gräber, und die Menschen, die darüber gehen, wissen es nicht.

Mk 12,38b-40
[38b] Hütet euch vor den Schriftgelehrten , die in Luxusgewändern einhergehen und «ehrerbietige» Grüße auf den Marktplätzen wollen, [39] und Ehrensitze in den Synagogen und Ehrenplätze bei den Gastmählern, [40] die die Häuser der Witwen auffressen und zum Schein lang beten. Diese werden ein umso härteres Urteil empfangen.

EvThom 89,1
Jesus spricht: Weshalb wascht ihr die Außenseite des Bechers?

Weherufe gegen Gesetzeslehrer

[46b] ⟦Und⟧ wehe euch, den ⟦Gesetzeslehrern⟧, denn <ihr> ⟦schnür⟧<t> ... Lasten ⟦zusammen und leg⟧<t> ⟦sie auf die Schultern der Menschen⟧, selbst ⟦aber woll⟧<t ihr> sie nicht «einmal» mit eurem Finger ⟦bewegen⟧. [52] Wehe euch, den ⟦Gesetzeslehrern⟧, denn ihr verschließt das ⟦Königreich <Gottes> vor den Menschen⟧; ihr

εἰσερχομένους ἀφίετε εἰσελθεῖν. [47] οὐαὶ ὑμῖν, ὅτι οἰκοδομεῖτε τὰ μνημεῖα τῶν προφητῶν, οἱ δὲ πατέρες ὑμῶν ἀπέκτειναν αὐτούς. [48] ... μαρτυρ⟦εῖτε ἑαυτοῖς ὅτι υἱοί⟧ ἐστε τῶν πατέρων ὑμῶν. ..

EvThom 39,1f (P. Oxy. 655)
[1] [λέγει Ἰ(ησοῦ)ς· οἱ Φαρισαῖοι καὶ οἱ γραμματεῖς] ἔλ[αβον τὰς κλεῖδας] τῆς [γνώσεως. αὐτοὶ ἔ]κρυψ[αν αὐτάς. [2] οὔτε] εἰσῆλ[θον, οὔτε τοὺς] εἰσερ[χομένους ἀφῆ]καν [εἰσελθεῖν].

Q 11,49-51
Mt 23,34-36 // Lk 11,49-51

[49] διὰ τοῦτο καὶ ἡ σοφία .. εἶπεν· ἀποστελῶ ⟦πρὸς⟧ αὐτοὺς προφήτας καὶ σοφούς, καὶ ἐξ αὐτῶν ἀποκτενοῦσιν καὶ διώξουσιν, [50] ⟦ἵνα⟧ ἐκζητηθῇ τὸ αἷμα πάντων τῶν προφητῶν τὸ ἐκκεχυμένον ἀπὸ καταβολῆς κόσμου ἀπὸ τῆς γενεᾶς ταύτης, [51] ἀπὸ αἵματος Ἅβελ ἕως αἵματος Ζαχαρίου τοῦ ἀπολομένου μεταξὺ τοῦ θυσιαστηρίου καὶ τοῦ οἴκου· ναὶ λέγω ὑμῖν, ἐκζητηθήσεται ἀπὸ τῆς γενεᾶς ταύτης.

→ Q 11,52 oben nach Q 11,46b.

seid nicht hineingegangen, ⟦noch⟧ lasst ihr die hineingehen, die hineingehen «wollen». [47] Wehe euch, denn ihr baut die Grabdenkmäler für die Propheten, eure Väter aber haben sie getötet. [48] «So» bezeug⟦t ihr gegen euch selbst, dass⟧ ihr ⟦Söhne⟧ eurer Väter seid. ..

Mk 12,38b (vgl. oben zu Q 11,?39a? 42.39b.⟦~~40.~~⟧ 41.43f)

EvThom 39,1f (P. Oxy. 655)
[1] [Jesus spricht: Die Pharisäer und die Schriftgelehrten haben die Schlüssel] der [Erkenntnis empfangen. Sie] haben sie versteckt. [2] [Weder sind sie] hineingegangen, [noch] haben sie [die hineingehen] lassen, [die] hinein[gehen (wollten)].

EvThom 39,1f (Nag Hammadi II)
[1] Jesus spricht: Die Pharisäer und die Schriftgelehrten haben die Schlüssel der Erkenntnis empfangen, (doch) sie haben sie versteckt. [2] Weder sind sie hineingegangen noch haben sie die gelassen, die hineingehen wollten.

Das Urteil der Weisheit über diese Generation

[49] Darum sagte auch die Weisheit ..: Ich werde ⟦zu⟧ ihnen Propheten und Weise senden, und «einige» von ihnen werden sie töten und verfolgen, [50] damit das Blut aller Propheten, das von Anfang der Welt an vergossen wurde, von dieser Generation eingefordert wird, [51] vom Blut Abels bis zum Blut des Zacharias, der zwischen dem Altar und dem Tempel umgekommen ist. Ja, ich sage euch, von dieser Generation wird es eingefordert werden.

Q 12,2f
Mt 10,26f // Lk 12,2f

2 οὐδὲν κεκαλυμμένον ἐστὶν ὃ οὐκ ἀποκαλυφθήσεται καὶ
κρυπτὸν ὃ οὐ γνωσθήσεται. 3 ὃ λέγω ὑμῖν ἐν τῇ σκοτίᾳ εἴπατε
ἐν τῷ φωτί, καὶ ὃ εἰς τὸ οὖς ἀκούετε κηρύξατε ἐπὶ τῶν
δωμάτων.

Mk 4,22
οὐ γάρ ἐστιν κρυπτὸν ἐὰν μὴ ἵνα φανερωθῇ, οὐδὲ ἐγένετο ἀπόκρυφον ἀλλ' ἵνα ἔλθῃ εἰς φανερόν.

EvThom 5,2 (P. Oxy. 654)
[οὐ γάρ ἐσ]τιν κρυπτὸν ὃ οὐ φανε[ρὸν γενήσεται], καὶ τεθαμμένον ὃ ο[ὐκ ἐγερθήσεται].

EvThom 6,5 (P. Oxy. 654)
[οὐδὲν γάρ ἐστι]ν ἀ[π]οκεκρ[υμμένον ὃ οὐ φανερὸν ἔσται].

EvThom 33,1 (P. Oxy. 1)
λέγει Ἰ(ησοῦ)ς· <ὃ> ἀκούεις [ε]ἰς τ̣ὸ ἒ̣ν̣ ὠ̣τ̣ίον σ̣ο̣υ, τ̣ο̣[ῦτο κήρυξον ...]

D. Die Jünger in Erwartung des Menschensohnes Q 12,2–13,21

Bekenntnis zu Jesus ohne Furcht Q 12,2-12

Das Verborgene wird erkannt

2 Nichts ist verhüllt, was nicht enthüllt werden wird, und verborgen, was nicht erkannt werden wird. 3 Was ich euch im Dunkeln sage, sagt im Licht, und was ihr ins Ohr «geflüstert» hört, verkündet auf den Dächern.

Mk 4,22
Denn es gibt nicht Verborgenes, außer, damit es offenbar wird, und Geheimes ist nicht entstanden, außer, damit es ins Offenbare kommt.

EvThom 5,2 (P. Oxy. 654)
[Denn es gibt nichts] Verborgenes, das nicht offenbar [werden wird], und (nichts) Begrabenes, das [nicht auferweckt werden wird].

EvThom 6,5 (P. Oxy. 654)
[Denn nichts ist] verborgen, [das nicht offenbar sein wird].

EvThom 5,2 = 6,5 (Nag Hammadi II)
5,2 = 6,5 Denn es gibt nichts Verborgenes, das nicht offenbar werden wird.

EvThom 33,1 (P. Oxy. 1)
Jesus spricht: <Was> du hörst (geflüstert) in dein eines Ohr, [verkündige] es [...]

EvThom 33,1 (Nag Hammadi II)
Jesus spricht: Was du in dein Ohr (geflüstert) hören wirst, verkündige es von euren Dächern in (jemand) anderes Ohr.

Q 12,4f
Mt 10,28 // Lk 12,4f

4 καὶ μὴ φοβεῖσθε ἀπὸ τῶν ἀποκτε⟦ν⟧νόντων τὸ σῶμα, τὴν δὲ ψυχὴν μὴ δυναμένων ἀποκτεῖναι· 5 φοβεῖσθε δὲ .. τὸν δυνάμενον καὶ ψυχὴν καὶ σῶμα ἀπολέσαι ἐν τ<ῇ> γεέννῃ.

Q 12,6f
Mt 10,29-31 // Lk 12,6f

6 οὐχὶ ⟦πέντε⟧ στρουθία πωλοῦνται ἀσσαρί⟦ων δύο⟧; καὶ ἓν ἐξ αὐτῶν οὐ πεσεῖται ἐπὶ τὴν γῆν ἄνευ τοῦ ⟦πατρὸς ὑμῶν⟧. 7 ὑμῶν ⟦δὲ⟧ καὶ αἱ τρίχες τῆς κεφαλῆς πᾶσαι ἠριθμη⟦μέναι εἰσίν⟧. μὴ φοβεῖσθε· πολλῶν στρουθίων διαφέρετε ὑμεῖς.

Q 12,8f
Mt 10,32f // Lk 12,8f

8 πᾶς ὃς ⟦ἂν⟧ ὁμολογήσ⟦ῃ⟧ ἐν ἐμοὶ ἔμπροσθεν τῶν ἀνθρώπων, κα⟦ὶ ὁ υἱὸς τοῦ ἀνθρώπου⟧ ὁμολογήσ⟦ει⟧ ἐν αὐτῷ ἔμπροσθεν τῶν ἀγγέλων τοῦ ..· 9 ὃς δ' ἂν ἀρνήσηταί με ἔμπροσθεν τῶν ἀνθρώπων, ἀρνη⟦θήσεται⟧ ἔμπροσθεν τῶν ἀγγέλων .. .

Mk 8,38
ὃς γὰρ ἐὰν ἐπαισχυνθῇ με καὶ τοὺς ἐμοὺς λόγους ἐν τῇ γενεᾷ ταύτῃ τῇ μοιχαλίδι καὶ ἁμαρτωλῷ, καὶ ὁ υἱὸς τοῦ ἀνθρώπου ἐπαισχυνθήσεται αὐτὸν, ὅταν ἔλθῃ ἐν τῇ δόξῃ τοῦ πατρὸς αὐτοῦ μετὰ τῶν ἀγγέλων τῶν ἁγίων.

Fürchtet nicht, die nur den Leib töten können

4 Und fürchtet euch nicht vor denen, die den Leib töten, die Seele
aber nicht töten können. 5 Fürchtet aber .. den, der Seele und Leib in
<der> Gehenna vernichten kann.

Mehr wert als viele Spatzen

6 Werden nicht ⟦fünf⟧ Spatzen für ⟦zwei⟧ Asse verkauft? Und doch
wird nicht einer von ihnen auf die Erde fallen ohne ⟦euren Vater⟧.
7 Aber auch eure Haare auf dem Kopf sind alle gezählt. Fürchtet
euch nicht: Ihr seid mehr wert als viele Spatzen.

Bekennen oder Verleugnen

8 Jeder, der sich zu mir vor den Menschen bekennt, zu dem wird
⟦sich⟧ auch ⟦der Menschensohn⟧ vor den Engeln .. bekennen. 9 Wer
mich aber vor den Menschen verleugnet, ⟦wird⟧ vor den Engeln ..
verleugne⟦t werden⟧.

Mk 8,38
Denn wer sich meiner und meiner Worte in dieser ehebrecherischen und sündigen Generation schämt, dessen wird sich auch der Menschensohn schämen, wenn er in der Herrlichkeit seines Vaters mit den heiligen Engeln kommt.

Q 12,10
Mt 12,32a-b // Lk 12,10

καὶ ὃς ἐὰν εἴπῃ λόγον εἰς τὸν υἱὸν τοῦ ἀνθρώπου ἀφεθήσεται αὐτῷ· ὃς δ' ἂν ⟦εἴπ⟧ῃ εἰς τὸ ἅγιον πνεῦμα οὐκ ἀφεθήσεται αὐτῷ.

Mk 3,28f
28 Ἀμὴν λέγω ὑμῖν ὅτι πάντα ἀφεθήσεται τοῖς υἱοῖς τῶν ἀνθρώπων
τὰ ἁμαρτήματα καὶ αἱ βλασφημίαι ὅσα ἐὰν βλασφημήσωσιν· 29 ὃς δ'
ἂν βλασφημήσῃ εἰς τὸ πνεῦμα τὸ ἅγιον, οὐκ ἔχει ἄφεσιν εἰς τὸν
αἰῶνα, ἀλλὰ ἔνοχός ἐστιν αἰωνίου ἁμαρτήματος.

Q 12,11f
Mt 10,17-19 // Lk 12,11f

11 ὅταν δὲ εἰσφέρωσιν ὑμᾶς ⟦<εἰς>⟧ τὰς συναγωγάς, μὴ
μεριμνήσητε πῶς ἢ τί εἴπητε· 12 ⟦τὸ⟧ γὰρ ⟦ἅγιον πνεῦμα
διδάξει⟧ ὑμ⟦ᾶς⟧ ἐν ... ῃ τῇ ὥρᾳ τί εἴπ<ητε>.

Mk 13,9-11
9 Βλέπετε δὲ ὑμεῖς ἑαυτούς· παραδώσουσιν ὑμᾶς εἰς συνέδρια καὶ εἰς
συναγωγὰς δαρήσεσθε καὶ ἐπὶ ἡγεμόνων καὶ βασιλέων σταθήσεσθε
ἕνεκεν ἐμοῦ εἰς μαρτύριον αὐτοῖς. 10 καὶ εἰς πάντα τὰ ἔθνη πρῶτον δεῖ
κηρυχθῆναι τὸ εὐαγγέλιον. 11 καὶ ὅταν ἄγωσιν ὑμᾶς παραδιδόντες,
μὴ προμεριμνᾶτε τί λαλήσητε, ἀλλ' ὃ ἐὰν δοθῇ ὑμῖν ἐν ἐκείνῃ τῇ ὥρᾳ
τοῦτο λαλεῖτε· οὐ γάρ ἐστε ὑμεῖς οἱ λαλοῦντες ἀλλὰ τὸ πνεῦμα τὸ
ἅγιον.

Reden gegen den heiligen Geist

Und wer ein Wort gegen den Menschensohn sagt, dem wird vergeben werden; wer aber «etwas» gegen den heiligen Geist ⟦sagt⟧, dem wird nicht vergeben werden.

Mk 3,28f
28 Amen, ich sage euch: Alle Verfehlungen und Lästerungen werden den Menschensöhnen vergeben werden, wie viel sie auch lästern mögen; 29 wer aber gegen den Heiligen Geist lästert, hat keine Vergebung in Ewigkeit, sondern ist einer ewigen Verfehlung schuldig.

EvThom 44
1 Jesus spricht: Wer den Vater lästern wird, dem wird vergeben werden. 2 Und wer den Sohn lästern wird, dem wird vergeben werden. 3 Wer aber den Heiligen Geist lästern wird, dem wird nicht vergeben werden, weder auf der Erde noch im Himmel.

Verhöre vor Synagogengerichten

11 Wenn sie euch vor die Synagogen«gerichte» führen, sorgt euch nicht, wie und was ihr sagen sollt; 12 denn ⟦der heilige Geist wird⟧ euch in ... er Stunde ⟦lehren⟧, was ihr sagen sollt.

Mk 13,9-11
9 Seht auf euch selbst: Um meinetwillen werden sie euch an die Gerichte ausliefern, und in den Synagogen werdet ihr geprügelt werden, und vor Statthalter und Könige werdet ihr gestellt werden ihnen zum Zeugnis. 10 Und an alle Völker muss erst das Evangelium verkündet werden. 11 Und wenn sie euch abführen und ausliefern, sorgt euch nicht im voraus, was ihr sagen sollt; sondern sagt das, was euch in jener Stunde gegeben wird! Denn nicht ihr seid es, die reden, sondern der Heilige Geist.

Q 12,33f
Mt 6,19-21 // Lk 12,33f

33 «μὴ θησαυρίζετε ὑμῖν θησαυροὺς ἐπὶ τῆς γῆς, ὅπου σὴς καὶ βρῶσις ἀφανίζει καὶ ὅπου κλέπται διορύσσουσιν καὶ κλέπτουσιν·» θησαυρίζετε δὲ ὑμῖν θησαυρο... ἐν οὐραν⟦ῷ⟧, ὅπου οὔτε σὴς οὔτε βρῶσις ἀφανίζει καὶ ὅπου κλέπται οὐ διορύσσουσιν οὐδὲ κλέπτουσιν· 34 ὅπου γάρ ἐστιν ὁ θησαυρός σου, ἐκεῖ ἔσται καὶ ἡ καρδία σου.

Mk 10,21b
ἕν σε ὑστερεῖ· ὕπαγε, ὅσα ἔχεις πώλησον καὶ δὸς [τοῖς] πτωχοῖς, καὶ ἕξεις θησαυρὸν ἐν οὐρανῷ, καὶ δεῦρο ἀκολούθει μοι.

Q 12,22b-31
Mt 6,25-33 // Lk 12,22b-31

22b διὰ τοῦτο λέγω ὑμῖν· μὴ μεριμνᾶτε τῇ ψυχῇ ὑμῶν τί φάγητε, μηδὲ τῷ σώματι ὑμῶν τί ἐνδύσησθε. 23 οὐχὶ ἡ ψυχὴ πλεῖόν ἐστιν τῆς τροφῆς καὶ τὸ σῶμα τοῦ ἐνδύματος; 24 κατανοήσατε τοὺς κόρακας ὅτι οὐ σπείρουσιν οὐδὲ θερίζουσιν οὐδὲ συνάγουσιν εἰς ἀποθήκας, καὶ ὁ θεὸς τρέφει αὐτούς· οὐχ ὑμεῖς μᾶλλον διαφέρετε τῶν πετεινῶν; 25 τίς δὲ ἐξ ὑμῶν μεριμνῶν δύναται προσθεῖναι ἐπὶ τὴν ἡλικίαν αὐτοῦ πῆχυν ..; 26 καὶ περὶ ἐνδύματος τί μεριμνᾶτε; 27 κατα⟦μάθε⟧τε τὰ κρίνα πῶς αὐξάν⟦ει⟧· οὐ κοπι⟦ᾷ⟧ οὐδὲ νήθ⟦ει⟧· λέγω δὲ ὑμῖν, οὐδὲ Σολομὼν ἐν πάσῃ τῇ δόξῃ αὐτοῦ περιεβάλετο ὡς ἓν τούτων. 28 εἰ δὲ ἐν ἀγρῷ τὸν χόρτον ὄντα σήμερον καὶ αὔριον εἰς κλίβανον βαλλόμενον ὁ θεὸς οὕτως ἀμφιέ⟦ννυσιν⟧, οὐ πολλῷ μᾶλλον ὑμᾶς, ὀλιγόπιστοι; 29 μὴ ⟦οὖν⟧ μεριμνήσητε λέγοντες· τί φάγωμεν; ⟦ἤ⟧· τί πίωμεν; ⟦ἤ⟧· τί περιβαλώμεθα; 30 πάντα

Sucht die Königsherrschaft Gottes
Q 12,33f.22b-31

Sammelt Vorräte im Himmel

[33] «Sammelt euch nicht Vorräte auf der Erde, wo Motte und Fraß sie zerstören und wo Diebe einbrechen und sie stehlen;» sammelt euch vielmehr Vorrät«e» im Himmel, wo weder Motte noch Fraß «sie» zerstören und wo Diebe weder einbrechen noch stehlen. [34] Denn wo dein Vorrat ist, dort wird auch dein Herz sein.

Mk 10,21b
Eines fehlt dir: Geh, verkaufe, was du hast, und gib es den Armen, und du wirst einen Vorrat im Himmel haben, und «komm», folge mir!

EvThom 76,3
Sucht auch ihr nach seinem Schatz, der nicht verdirbt, der bleibt, wo keine Motte hinkommt um zu fressen und kein Wurm zerstört.

Sorgt euch nicht

[22b] Daher sage ich euch: Sorgt euch nicht um euer Leben, was ihr essen sollt, und nicht um euren Leib, womit ihr euch bekleiden sollt. [23] Ist nicht das Leben mehr als die Nahrung und der Leib mehr als die Kleidung? [24] Beobachtet die Raben: Sie säen nicht und ernten nicht und sammeln nicht in Scheunen, und Gott ernährt sie. Seid ihr nicht mehr wert als die Vögel? [25] Wer von euch vermag mit seiner Sorge seiner Lebenszeit eine Spanne hinzuzufügen? [26] Und was sorgt ihr euch um Kleidung? [27] ⟦Lernt⟧ von den Lilien, wie sie wachsen: Sie mühen sich nicht ab und sie spinnen nicht. Ich sage euch aber: Auch nicht Salomo in all seiner Pracht war angezogen wie eine von diesen. [28] Wenn aber Gott das Gras auf dem Feld, das heute dasteht und morgen in den Ofen geworfen wird, so anzieht – um wie viel mehr nicht euch, ihr Kleingläubigen? [29] Sorgt euch ⟦also⟧ nicht, indem ihr sagt: Was sollen wir essen? ⟦Oder:⟧ Was sollen wir trinken? ⟦Oder:⟧ Was sollen wir anziehen? [30] Denn all dies suchen die Hei-

γὰρ ταῦτα τὰ ἔθνη ἐπιζητοῦσιν· οἶδεν ⟦γὰρ⟧ ὁ πατὴρ ὑμῶν ὅτι χρῄζετε τούτων ⟦ἁπάντων⟧. [31] ζητεῖτε δὲ τὴν βασιλείαν αὐτοῦ, καὶ ταῦτα ⟦πάντα⟧ προστεθήσεται ὑμῖν. [~~32~~]

→ Q 12,33f oben nach Q 12,11f.

EvThom 36,1-4 (P. Oxy. 655)
[1] [λέγει Ἰ(ησοῦ)ς· μὴ μεριμνᾶτε ἀ]πὸ πρωὶ ἕ[ως ὀψέ, μήτ]ε ἀφ' ἑσπ[έρας ἕως π]ρωί, μήτε [τῇ τροφῇ ὑ]μῶν τί φά[γητε, μήτε] τῇ στ[ολῇ ὑμῶν] τί ἐνδύ[ση]σθε. [2] [πολ]λῷ κρεί[σσον]ές ẹ̓[στε] τῶν [κρί]νων, ἅτι[να ο]ὐ ξα[ί]νει οὐδὲ ν[ήθ]ει. [3] κ̣[αὶ] ἓν ἔχ̣ọντ[ες ἔ]νδ[υ]μα, τί ἐν[.....].αι ὑμεῖς; [4] τίς ἂν προσθ<εί>η ἐπὶ τὴν εἱλικίαν ὑμῶν; αὐτὸ[ς δ]ώσει ὑμεῖν τὸ ἔνδυμα ὑμῶν.

Q 12,39f
Mt 24,43f // Lk 12,39f

[39] ⟦ἐκεῖν⟧ο δὲ γινώσκετε ὅτι εἰ ᾔδει ὁ οἰκοδεσπότης ποίᾳ φυλακῇ ὁ κλέπτης ἔρχεται, οὐκ ἂν ⟦εἴασ⟧εν διορυχθῆναι τὸν οἶκον αὐτοῦ. [40] καὶ ὑμεῖς γίνεσθε ἕτοιμοι, ὅτι ᾗ οὐ δοκεῖτε ὥρᾳ ὁ υἱὸς τοῦ ἀνθρώπου ἔρχεται.

Mk 13,35a-b
γρηγορεῖτε οὖν· οὐκ οἴδατε γὰρ πότε ὁ κύριος τῆς οἰκίας ἔρχεται,

denvölker; ⟦denn⟧ euer Vater weiß, dass ihr das ⟦alles⟧ braucht. [31] Sucht hingegen seine Königsherrschaft, und dies ⟦alles⟧ wird euch dazugegeben werden. ~~[32]~~

EvThom 36,1-4 (P. Oxy. 655)
[1] [Jesus spricht: Sorgt euch nicht] vom Morgen bis [zum Abend und] von der Abendzeit [bis] zum Morgen, weder [um] eure [Nahrung], (nämlich) was [ihr] essen [sollt, noch] um [eure] Kleidung, (nämlich) was ihr anziehen [sollt]. [2] [Ihr seid] (doch) viel besser als die [Lilien], die keine (Wolle) krempeln und auch nicht spinnen. [3] [Und] wenn ihr *ein* Gewand habt, ... ihr ... ? [4] Wer könnte hinzufügen eurem Lebensalter? Er selbst wird euch euer Gewand [geben]!

EvThom 36,1 (Nag Hammadi II)
Jesus spricht: Sorgt euch nicht vom Morgen bis zum Abend und von der Abendzeit bis zum Morgen, was ihr anziehen werdet.

Das unerwartete Kommen des Menschensohnes 12,39-46.49-59

Der Menschensohn kommt wie ein Dieb

[39] ⟦Jenes⟧ aber erkennt: Wenn der Hausherr gewusst hätte, zu welcher Nachtwache der Dieb kommt, hätte er nicht zugelassen, dass in sein Haus eingebrochen wird. [40] Seid auch ihr bereit, denn der Menschensohn kommt zu einer Stunde, in der ihr nicht «damit» rechnet.

Mk 13,35a-b
Wacht also! Denn ihr wisst nicht, wann der Hausherr kommt, ...

EvThom 21,5
Deshalb sage ich: Wenn der Hausherr erfährt, dass der Dieb im Begriff ist zu kommen, wird er wachsam sein, bevor er kommt (und) wird ihn nicht eindringen lassen in sein Haus, seinen Herrschaftsbereich, dass er seine Habe wegnehme.

Q 12,42-46
Mt 24,45-51 // Lk 12,42-46

[42] τίς ἄρα ἐστὶν ὁ πιστὸς δοῦλος ⟦καὶ⟧ φρόνιμος ὃν κατέστησεν ὁ κύριος ἐπὶ τῆς οἰκετείας αὐτοῦ τοῦ δο⟦ῦ⟧ναι ⟦αὐτοῖς⟧ ἐν καιρῷ τὴν τροφήν; [43] μακάριος ὁ δοῦλος ἐκεῖνος, ὃν ἐλθὼν ὁ κύριος αὐτοῦ εὑρήσει οὕτως ποιοῦντα· [44] ⟦ἀμὴν⟧ λέγω ὑμῖν ὅτι ἐπὶ πᾶσιν τοῖς ὑπάρχουσιν αὐτοῦ καταστήσει αὐτόν. [45] ἐὰν δὲ εἴπῃ ὁ δοῦλος ἐκεῖνος ἐν τῇ καρδίᾳ αὐτοῦ· χρονίζει ὁ κύριός μου, καὶ ἄρξηται τύπτειν τοὺς ⟦συνδούλους αὐτοῦ⟧, ἐσθί⟦ῃ⟧ δὲ καὶ πίν⟦ῃ μετὰ τῶν⟧ μεθυ⟦όντων⟧, [46] ἥξει ὁ κύριος τοῦ δούλου ἐκείνου ἐν ἡμέρᾳ ᾗ οὐ προσδοκᾷ καὶ ἐν ὥρᾳ ᾗ οὐ γινώσκει, καὶ διχοτομήσει αὐτὸν καὶ τὸ μέρος αὐτοῦ μετὰ τῶν ἀπίστων θήσει.

Mk 13,36
μὴ ἐλθὼν ἐξαίφνης εὕρῃ ὑμᾶς καθεύδοντας.

Q 12,⟦49⟧
Lk 12,49

⟦«πῦρ ἦλθον βαλεῖν ἐπὶ τὴν γῆν, καὶ τί θέλω εἰ ἤδη ἀνήφθη.»⟧

EvThom 103
Jesus spricht: Selig ist der Mensch, der weiß, an [welcher] Stelle die Räuber eindringen werden, damit [er] aufstehe, seinen [Herrschaftsbereich] sammle und seine Lende gürte, bevor sie hereinkommen.

Der treue oder treulose Sklave

42 Wer also ist der treue ⟦und⟧ kluge Sklave, den der Herr über sein Hausgesinde gestellt hat, um ⟦ihnen⟧ zur rechten Zeit das Essen zu geben? (Ps 104,27) 43 Selig ist jener Sklave, den sein Herr, wenn er kommt, so handelnd finden wird. 44 ⟦Amen⟧, ich sage euch: Über seinen ganzen Besitz wird er ihn stellen. 45 Wenn aber jener Sklave in seinem Herzen sagt: Mein Herr lässt sich Zeit, und anfängt, ⟦seine Mitsklaven⟧ zu schlagen, und ⟦mit den⟧ Betrunkenen isst und trinkt, 46 wird der Herr jenes Sklaven an einem Tag kommen, an dem er es nicht erwartet, und zu einer Stunde, die er nicht kennt, und er wird ihn in Stücke hauen und ihm seinen Platz unter den Treulosen zuweisen.

Mk 13,36
Damit er nicht plötzlich kommt und euch schlafend findet.

Feuer auf die Erde

⟦«Feuer auf die Erde zu werfen, bin ich gekommen, und wie wollte ich, dass es schon angezündet wäre.»⟧

EvThom 10
Jesus spricht: Ich habe Feuer in die Welt geworfen, und siehe, ich bewahre es, bis es lodert.

Q 12,51.53
Mt 10,34-36 // Lk 12,51.53

~~50~~ 51 ⟦δοκεῖ⟧τε ὅτι ἦλθον βαλεῖν εἰρήνην ἐπὶ τὴν γῆν; οὐκ ἦλθον
βαλεῖν εἰρήνην ἀλλὰ μάχαιραν. ~~52~~ 53 ἦλθον γὰρ διχάσαι υἱὸν
⟦κατὰ⟧ πατρ⟦ὸς καὶ⟧ θυγατέρα ⟦κατὰ⟧ τῆ⟦ς⟧ μητρ⟦ὸς⟧ αὐτῆς,
⟦καὶ⟧ νύμφην ⟦κατὰ⟧ τῆ⟦ς⟧ πενθερᾶ⟦ς⟧ αὐτῆς.

Mk 13,12
καὶ παραδώσει ἀδελφὸς ἀδελφὸν εἰς θάνατον καὶ πατὴρ τέκνον, καὶ ἐπαναστήσονται τέκνα ἐπὶ γονεῖς καὶ θανατώσουσιν αὐτούς·

Q 12,⟦54-56⟧
Mt 16,2f // Lk 12,54-56

⟦54⟧ ⟦... ὀψίας γενομένης λέγετε· εὐδία, πυρράζει γὰρ ὁ
οὐρανός·⟧ ⟦55⟧ ⟦καὶ πρωΐ· σήμερον χειμών, πυρράζει γὰρ
στυγνάζων ὁ οὐρανός·⟧ ⟦56⟧ ⟦τὸ πρόσωπον τοῦ οὐρανοῦ
οἴδατε διακρίνειν, τὸν καιρὸν δὲ οὐ δύνασθε;⟧

Nicht Frieden, sondern das Schwert

~~[50]~~ [51] Meint ⟦ihr⟧, dass ich gekommen bin, Frieden auf die Erde zu werfen? Ich bin nicht gekommen, Frieden zu werfen, sondern das Schwert. ~~[52]~~ [53] Denn ich bin gekommen zu entzweien: «den» Sohn ⟦gegen⟧ «den» Vater ⟦und⟧ «die» Tochter gegen ihre Mutter ⟦und⟧ «die» Schwiegertochter gegen ihre Schwiegermutter. (Mi 7,6)

Mk 13,12
Und «ein» Bruder wird «seinen» Bruder in den Tod ausliefern und «ein» Vater «sein» Kind, und Kinder werden sich gegen «ihre» Eltern stellen und sie töten.

EvThom 16,1f.3c
[1] Jesus spricht: Vielleicht denken die Menschen, dass ich gekommen bin, Frieden in die Welt zu werfen. [2] Doch sie wissen nicht, dass ich gekommen bin, Zwistigkeiten auf die Erde zu werfen: Feuer, Schwert, Krieg.
[3c] ... der Vater gegen den Sohn und der Sohn gegen den Vater.

⟦Beurteilung der Zeit⟧

⟦[54]⟧ ⟦«Er aber sagte ihnen:» Wenn es Abend geworden ist, sagt ihr: «Es gibt» gutes Wetter, denn der Himmel ist feuerrot,⟧ ⟦[55]⟧ ⟦und am Morgen: Heute «gibt es» schlechtes Wetter, denn feuerrot ist der trübe Himmel.⟧ ⟦[56]⟧ ⟦Das Aussehen des Himmels wisst ihr zu beurteilen, den Zeitpunkt aber könnt ihr nicht «beurteilen»?⟧

EvThom 91,2
Er sprach zu ihnen: Ihr prüft das Aussehen des Himmels und der Erde; doch der, der vor euch ist – ihn habt ihr nicht erkannt, und diese Gelegenheit wisst ihr nicht zu erproben.

Q 12,58f
Mt 5,25f // Lk 12,58f

~~57~~ 58 ⟦ἕως ὅτου⟧ ... μετὰ τοῦ ἀντιδίκου σου ἐν τῇ ὁδῷ, δὸς ἐργασίαν ἀπηλλάχθαι ἀπ᾽ αὐτοῦ, μήποτέ σε παραδῷ ⟦ὁ ἀντίδικος⟧ τῷ κριτῇ καὶ ὁ κριτὴς τῷ ὑπηρέτῃ καὶ ⟦ὁ <ὑπηρέτης> σε⟧ β⟦α⟧λ⟦εῖ⟧ εἰς φυλακήν. 59 λέγω σοι, οὐ μὴ ἐξέλθῃς ἐκεῖθεν, ἕως τὸ⟦ν⟧ ἔσχατον ⟦κοδράντην⟧ ἀποδῷς.

Q 13,18f
Mt 13,31f // Lk 13,18f

18 τίνι ὁμοία ἐστὶν ἡ βασιλεία τοῦ θεοῦ καὶ τίνι ὁμοιώσω αὐτήν; 19 ὁμοία ἐστὶν κόκκῳ σινάπεως ὃν λαβὼν ἄνθρωπος ἔβαλεν εἰς ⟦κῆπ⟧ον αὐτοῦ· καὶ ηὔξησεν καὶ ἐγένετο εἰς δένδρον, καὶ τὰ πετεινὰ τοῦ οὐρανοῦ κατεσκήνωσεν ἐν τοῖς κλάδοις αὐτοῦ.

Mk 4,30b-32
30b πῶς ὁμοιώσωμεν τὴν βασιλείαν τοῦ θεοῦ ἢ ἐν τίνι αὐτὴν παραβολῇ θῶμεν; 31 ὡς κόκκῳ σινάπεως, ὃς ὅταν σπαρῇ ἐπὶ τῆς γῆς, μικρότερον ὂν πάντων τῶν σπερμάτων τῶν ἐπὶ τῆς γῆς, 32 καὶ ὅταν σπαρῇ, ἀναβαίνει καὶ γίνεται μεῖζον πάντων τῶν λαχάνων καὶ ποιεῖ κλάδους μεγάλους, ὥστε δύνασθαι ὑπὸ τὴν σκιὰν αὐτοῦ τὰ πετεινὰ τοῦ οὐρανοῦ κατασκηνοῦν.

Außergerichtliche Einigung

~~57~~ 58 ⟦Solange⟧ du mit deinem Prozessgegner auf dem Weg «bist», gib dir Mühe, von ihm loszukommen, damit dich ⟦der Prozessgegner⟧ nicht dem Richter übergebe und der Richter dem «Gerichts»diener und ⟦der <«Gerichts»diener> dich⟧ ins Gefängnis werfe. 59 Ich sage dir: Du wirst von dort nicht herauskommen, bis du den letzten ⟦Pfennig⟧ zurückgezahlt hast!

Zwei Gleichnisse von der Königsherrschaft Gottes Q 13,18-21

Das Senfkorn

18 Wem ist die Königsherrschaft Gottes gleich, und wem soll ich sie vergleichen? 19 Sie ist einem Senfkorn gleich, das ein Mensch nahm und in seinen ⟦Garten⟧ warf. Und es wuchs und wurde zu einem Baum, und die Vögel des Himmels nisteten in seinen Zweigen. (Ps 104,12a)

Mk 4,30b-32
30b Wie sollen wir die Königsherrschaft Gottes vergleichen, oder in welchem Gleichnis sollen wir es darstellen? 31 Wie mit einem Senfkorn, das, wenn es auf die Erde gesät wurde, kleiner als alle Samenkörner auf der Erde ist, 32 und, wenn es gesät wurde, aufgeht und größer wird als alle Gartengewächse und große Zweige macht, so dass unter seinem Schatten die Vögel des Himmels nisten können.

EvThom 20
1 Die Jünger sprachen zu Jesus: Sage uns, wem das Königreich der Himmel gleicht! 2 Er sprach zu ihnen: Es ist gleich einem Senfkorn. 3 <Es> ist der kleinste von allen Samen. 4 Wenn es aber auf die Erde fällt, die bearbeitet wird, bringt sie einen großen Zweig hervor (und) wird zum Schutz für die Vögel des Himmels.

Q 13,20f
Mt 13,33 // Lk 13,20f

20 ⟦καὶ πάλιν⟧· τίνι ὁμοιώσω τὴν βασιλείαν τοῦ θεοῦ; 21 ὁμοία
ἐστὶν ζύμῃ, ἣν λαβοῦσα γυνὴ ἐνέκρυψεν εἰς ἀλεύρου σάτα
τρία ἕως οὗ ἐζυμώθη ὅλον.

Q 13,24-27
Mt 7,13f.; 25,10-12; 7,22f. // Lk 13,24-27

24 εἰσέλθατε διὰ τῆς στενῆς θύρας, ὅτι πολλοὶ ζητήσουσιν
εἰσελθεῖν καὶ ὀλίγοι ⟦εἰσὶν οἱ <εἰσερχόμενοι δι'> αὐτῆ<ς>⟧.
25 ἀφ' οὗ ἂν ⟦ἐγερθῇ⟧ ὁ ⟦οἰκοδεσπότης⟧ καὶ κλείσ⟦ῃ τ⟧ὴ⟦ν⟧
θύρα⟦ν καὶ ἄρξησθε ἔξω ἑστάναι καὶ κρούειν τὴν θύραν⟧
λέγοντες· κύριε, ἄνοιξον ἡμῖν, καὶ ἀποκριθεὶς ἐρεῖ ὑμῖν· οὐκ
οἶδα ὑμᾶς, 26 τότε ἄρξεσθε λέγειν· ἐφάγομεν ἐνώπιόν σου καὶ
ἐπίομεν καὶ ἐν ταῖς πλατείαις ἡμῶν ἐδίδαξας· 27 καὶ ἐρεῖ λέγων
ὑμῖν· οὐκ οἶδα ὑμᾶς· ἀπόστητε ἀπ' ἐμοῦ ⟦οἱ⟧ ἐργαζόμενοι τὴν
ἀνομίαν.

Q 13,29.28
Mt 8,11f // Lk 13,28f

29 ⟦καὶ πολλοὶ⟧ ἀπὸ ἀνατολῶν καὶ δυσμῶν ἥξουσιν καὶ ἀνα-
κλιθήσονται 28 μετὰ Ἀβραὰμ καὶ Ἰσαὰκ καὶ Ἰακὼβ ἐν τῇ
βασιλείᾳ τοῦ θεοῦ, ⟦ὑμ<εῖ>ς⟧ δὲ ἐκβλ⟦ηθήσ<εσθε> εἰς τὸ σκότος
τὸ⟧ ἐξώ⟦τερον⟧· ἐκεῖ ἔσται ὁ κλαυθμὸς καὶ ὁ βρυγμὸς τῶν
ὀδόντων.

Der Sauerteig

[20] ⟦Und wiederum⟧: Wem soll ich die Königsherrschaft Gottes vergleichen? [21] Es ist Sauerteig gleich, den eine Frau nahm und in drei Sat Weizenmehl verbarg, bis es ganz durchsäuert war.

EvThom 96,1f
[1] Jesus [spricht]: Das Königreich des Vaters gleicht [einer] Frau. [2] Sie nahm ein wenig Sauerteig. [Sie] verbarg ihn im Mehl (und) machte daraus große Brote.

E. Die Krisis Israels
Q 13,24–14,23

Ich kenne euch nicht

[24] Tretet ein durch die enge Tür, denn viele werden suchen einzutreten, und wenige ⟦sind es, die <durch> sie <eintreten>⟧. [25] Wenn der ⟦Hausherr sich erhoben⟧ und die Tür verschlossen hat, ⟦und ihr anfangen werdet draußen zu stehen und an die Tür zu klopfen⟧ und zu sagen: Herr, öffne uns, und er euch antworten und sagen wird: Ich kenne euch nicht, [26] dann werdet ihr anfangen zu sagen: Wir aßen und tranken vor dir, und du hast in unseren Straßen gelehrt. [27] Und er wird euch sagen: Ich kenne euch nicht! Weicht von mir, ⟦die ihr⟧ gegen das Gesetz handelt! (Ps 6,9a)

Viele werden von Osten und Westen kommen

[29] ⟦Und viele⟧ werden von Osten und Westen kommen und sich «zum Mahl» niederlegen [28] mit Abraham und Isaak und Jakob im Königreich Gottes, ⟦ihr⟧ aber ⟦werdet in die⟧ äußer⟦ste Finsternis⟧ hinausgeworfen ⟦werden⟧; dort wird Weinen und Zähneklappern sein.

Q 13,⟦30⟧
Mt 20,16 // Lk 13,30

⟦.. ἔσονται οἱ ἔσχατοι πρῶτοι καὶ οἱ πρῶτοι ἔσχατοι.⟧

Mk 10,31
πολλοὶ δὲ ἔσονται πρῶτοι ἔσχατοι καὶ [οἱ] ἔσχατοι πρῶτοι.

EvThom 4,2f (P. Oxy. 654)
2 ὅτι πολλοὶ ἔσονται π[ρῶτοι ἔσχατοι καὶ] οἱ ἔσχατοι πρῶτοι, 3 καὶ [εἰς ἓν καταντήσου]σιν.

Q 13,34f
Mt 23,37-39 // Lk 13,34f

34 Ἰερουσαλὴμ Ἰερουσαλήμ, ἡ ἀποκτείνουσα τοὺς προφήτας καὶ λιθοβολοῦσα τοὺς ἀπεσταλμένους πρὸς αὐτήν, ποσάκις ἠθέλησα ἐπισυναγαγεῖν τὰ τέκνα σου, ὃν τρόπον ὄρνις ἐπισυνάγει τ⟦ὰ⟧ νοσσία αὐτῆς ὑπὸ τὰς πτέρυγας, καὶ οὐκ ἠθελήσατε. 35 ἰδοὺ ἀφίεται ὑμῖν ὁ οἶκος ὑμῶν. λέγω .. ὑμῖν, οὐ μὴ ἴδητέ με ἕως ⟦ἥξει ὅτε⟧ εἴπητε· εὐλογημένος ὁ ἐρχόμενος ἐν ὀνόματι κυρίου.

Mk 11,9b.c
ὡσαννά· εὐλογημένος ὁ ἐρχόμενος ἐν ὀνόματι κυρίου·

Q 14,⟦11⟧
Mt 23,12 // Lk 14,11

⟦πᾶς ὁ ὑψῶν ἑαυτὸν ταπεινωθήσεται, καὶ ὁ ταπεινῶν ἑαυτὸν ὑψωθήσεται.⟧

⟦Letzte werden Erste sein⟧

⟦.. Es werden die Letzten die Ersten sein und die Ersten die Letzten.⟧

Mk 10,31
Viele Erste aber werden Letzte sein und die Letzten Erste.

EvThom 4,2f (P. Oxy. 654)
2 Denn viele [Erste] werden [Letzte] sein, [und] die Letzten Erste, 3 und zu einem werden sie gelangen.

EvThom 4,2f (Nag Hammadi II)
2 Denn viele Erste werden Letzte sein. 3 Und sie werden ein einziger sein.

Gericht über Jerusalem

34 Jerusalem, Jerusalem, die die Propheten tötet und die zu ihr Gesandten steinigt! Wie oft wollte ich deine Kinder sammeln, wie eine Henne ihre Küken unter die Flügel sammelt, und ihr habt nicht gewollt. 35 Siehe, euer Haus wird euch verlassen (werden). .. Ich sage euch, ihr werdet mich nicht mehr sehen, bis ⟦«der Tag» kommen wird, da⟧ ihr sagt: Gesegnet, der im Namen des Herrn kommt! (Ps 118,26a)

Mk 11,9b.c
Hosanna! Gesegnet, der im Namen des Herrn kommt!

⟦Wer sich selbst erhöht ... ⟧

⟦Jeder, der sich selbst erhöht, wird erniedrigt werden, und jeder, der sich selbst erniedrigt, wird erhöht werden.⟧

Q 14,16-18.?19f? 21.23
Mt 22,1-14 // Lk 14,15-24

~~[15]~~ [16] ἄνθρωπός τις ἐποίει δεῖπνον ⟦μέγα, καὶ ἐκάλεσεν πολλοὺς⟧
[17] καὶ ἀπέστειλεν τὸν δοῦλον αὐτοῦ ⟦τῇ ὥρᾳ τοῦ δείπνου⟧
εἰπεῖν τοῖς κεκλημένοις· ἔρχεσθε, ὅτι ἤδη ἕτοιμά ἐστιν. [18] ...
ἀγρόν, .. [?19?] .. [?20?] .. [21] «καὶ < > ὁ δοῦλος < > τῷ κυρίῳ αὐτοῦ
ταῦτα.» τότε ὀργισθεὶς ὁ οἰκοδεσπότης εἶπεν τῷ δούλῳ
αὐτοῦ· ~~[22]~~ [23] ἔξελθε εἰς τὰς ὁδοὺς καὶ ὅσους ἐὰν εὕρ<ῃς>
καλέσ<ον>, ἵνα γεμισθῇ μου ὁ οἶκος. ~~[24]~~

Das Gleichnis vom Gastmahl

~~15~~ 16 Ein Mensch veranstaltete ein ⟦großes⟧ Gastmahl ⟦und lud viele ein⟧. 17 Und er sandte seinen Sklaven ⟦zur Stunde des Gastmahls aus⟧, um den Eingeladenen zu sagen: Kommt, denn es ist schon bereit. 18 «Der eine weigerte sich wegen seines» Ackers, ?19? «der andere wegen seines Geschäfts.» ?20? .. 21 «Und der Sklave <kam und sagte> dies seinem Herrn.» Da wurde der Hausherr zornig und sagte seinem Sklaven: ~~22~~ 23 Gehe hinaus auf die Wege, und alle, die du findest, lade ein, damit mein Haus voll werde. ~~24~~

EvThom 64

1 Jesus spricht: Ein Mensch hatte Gäste. Und als er das Mahl bereitet hatte, sandte er seinen Sklaven, damit er die Gäste einlade. 2 Er kam zu dem ersten (und) sprach zu ihm: Mein Herr lädt dich ein. 3 Er sprach: Ich habe Geld(forderungen) gegenüber Kaufleuten. Sie kommen zu mir am Abend. Ich werde gehen (und) ihnen Anweisungen geben. Ich entschuldige mich für das Mahl. 4 Er kam zu einem anderen (und) sprach zu ihm: Mein Herr hat dich eingeladen. 5 Er sprach zu ihm: Ich habe ein Haus gekauft, und man bittet mich für einen Tag. Ich werde keine Zeit haben. 8 Er kam zu einem anderen (und) sprach zu ihm: Mein Herr lädt dich ein. 9 Er sprach zu ihm: Ich habe ein Dorf gekauft. Da ich gehe, die Abgaben zu bekommen, werde ich nicht kommen können. Ich entschuldige mich. 6 Er ging zu einem anderen (und) sprach zu ihm: Mein Herr lädt dich ein. 7 Er sprach zu ihm: Mein Freund wird heiraten, und ich bin es, der das Mahl bereiten wird. Ich werde nicht kommen können. Ich entschuldige mich für das Mahl. 10 Der Sklave kam und sagte seinem Herrn: Die, die du zum Mahl eingeladen hast, haben sich entschuldigt. 11 Der Herr sprach zu seinem Sklaven: Gehe hinaus auf die Wege. Die, die du finden wirst, bringe mit, damit sie Mahl halten. 12 Die Käufer und die Händler [werden] nicht eingehen zu den Orten meines Vaters.

Q 14,26
Mt 10,37 // Lk 14,26

⟦<ὅς>⟧ οὐ μισεῖ τὸν πατέρα καὶ τὴν μητέρα οὐ <δύναται εἶναί> μου <μαθητής>, καὶ ⟦<ὅς>⟧ <οὐ μισεῖ> τ<ὸ>ν υἱὸν καὶ τ<ὴν> θυγατέρα οὐ δύναται εἶναί μου μαθητής.

Mk 10,29c.d
οὐδείς ἐστιν ὅς ἀφῆκεν οἰκίαν ἢ ἀδελφοὺς ἢ ἀδελφὰς ἢ μητέρα ἢ πατέρα ἢ τέκνα ἢ ἀγροὺς ἕνεκεν ἐμοῦ καὶ ἕνεκεν τοῦ εὐαγγελίου,

Q 14,27
Mt 10,38 // Lk 14,27

.. ὃς οὐ λαμβάνει τὸν σταυρὸν αὐτοῦ καὶ ἀκολουθεῖ ὀπίσω μου, οὐ δύναται εἶναί μου μαθητής.

Mk 8,34b
εἴ τις θέλει ὀπίσω μου ἀκολουθεῖν, ἀπαρνησάσθω ἑαυτὸν καὶ ἀράτω τὸν σταυρὸν αὐτοῦ καὶ ἀκολουθείτω μοι.

F. Die Jünger in der Nachfolge Jesu
Q 14,26–17,21

Wer seine Familie nicht hasst

⟦<Wer>⟧ <seinen> Vater und <seine> Mutter nicht hasst, <kann> nicht mein <Jünger sein>; und ⟦<wer>⟧ <seinen> Sohn und <seine> Tochter <nicht hasst>, kann nicht mein Jünger sein.

Mk 10,29c.d
Keiner ist, der Haus oder Brüder oder Schwestern oder Mutter oder Vater oder Kinder oder Äcker verlassen hat um meinetwegen und um des Evangeliums willen, ...

EvThom 55
[1] Jesus spricht: Wer nicht seinen Vater hassen wird und seine Mutter, wird mir kein Jünger sein können. [2] Und wer nicht seine Brüder und seine Schwestern hassen wird (und) nicht sein Kreuz tragen wird wie ich, wird meiner nicht würdig sein.

EvThom 101,1f
[1] Wer nicht seinen [Vater] und seine Mutter hassen wird wie ich, wird nicht mein [Jünger] sein können. [2] Und wer seinen [Vater und] seine Mutter [nicht] lieben wird wie ich, wird mir kein [Jünger] sein können.

Wer sein Kreuz nicht auf sich nimmt

.. Wer sein Kreuz nicht auf sich nimmt und mir folgt, kann nicht mein Jünger sein.

Mk 8,34b
Wenn einer mir nachfolgen will, verleugne er sich selbst und trage sein Kreuz und folge mir.

EvThom 55,2 (vgl. oben zu Q 14,26)

Q 17,33
Mt 10,39 // Lk 17,33

⟦ὁ⟧ εὑρ⟦ὼν⟧ τὴν ψυχὴν αὐτοῦ ἀπολέσει αὐτήν, καὶ ⟦ὁ⟧ ἀπολέσ⟦ας⟧ τὴν ψυχὴν αὐτοῦ ⟦ἕνεκεν ἐμοῦ⟧ εὑρήσει αὐτήν.

Mk 8,35
ὃς γὰρ ἐὰν θέλῃ τὴν ψυχὴν αὐτοῦ σῶσαι ἀπολέσει αὐτήν· ὃς δ᾽ ἂν ἀπολέσει τὴν ψυχὴν αὐτοῦ ἕνεκεν ἐμοῦ καὶ τοῦ εὐαγγελίου σώσει αὐτήν.

Q 14,34f
Mt 5,13 // Lk 14,34f

34 ⟦καλὸν⟧ τὸ ἅλας· ἐὰν δὲ τὸ ἅλας μωρανθῇ, ἐν τίνι ⟦ἀρτυ⟧θήσεται; 35 οὔτε εἰς γῆν οὔτε εἰς κοπρίαν ⟦εὔθετόν ἐστιν⟧, ἔξω βάλλουσιν αὐτό.

→ Q 15,4-5a.7.⟦8-10⟧ unten nach Q 17,1f.

Mk 9,49f
49 Πᾶς γὰρ πυρὶ ἁλισθήσεται. 50 καλὸν τὸ ἅλας· ἐὰν δὲ τὸ ἅλας ἄναλον γένηται, ἐν τίνι αὐτὸ ἀρτύσετε; ἔχετε ἐν ἑαυτοῖς ἅλα καὶ εἰρηνεύετε ἐν ἀλλήλοις.

Q 16,13
Mt 6,24 // Lk 16,13

οὐδεὶς δύναται δυσὶ κυρίοις δουλεύειν· ἢ γὰρ τὸν ἕνα μισήσει καὶ τὸν ἕτερον ἀγαπήσει, ἢ ἑνὸς ἀνθέξεται καὶ τοῦ ἑτέρου καταφρονήσει. οὐ δύνασθε θεῷ δουλεύειν καὶ μαμωνᾷ.

Sein Leben finden oder verlieren

⟦Wer⟧ sein Leben findet, wird es verlieren, und ⟦wer⟧ sein Leben ⟦meinetwegen⟧ verliert, wird es finden.

Mk 8,35
Denn wer sein Leben retten will, wird es verlieren; wer aber sein Leben um meinetwegen und um des Evangeliums willen verliert, wird es retten.

Fades Salz

34 ⟦Gut⟧ ist das Salz; wenn jedoch das Salz fad geworden ist, womit wird es ⟦gewürzt⟧ werden? 35 ⟦Es ist⟧ weder für die Erde noch für den Misthaufen ⟦brauchbar⟧, man wirft es hinaus.

Mk 9,49f
49 Denn jeder wird mit Feuer gesalzen werden. 50 Gut ist das Salz. Wenn das Salz aber salzlos wird, womit wollt ihr es würzen? Habt in euch Salz und haltet Frieden untereinander!

Gott oder Mammon

Keiner kann zwei Herren dienen; denn entweder wird er den einen hassen und den anderen lieben, oder er wird dem einen anhängen und den anderen verachten. Ihr könnt nicht Gott dienen und «dem» Mammon.

EvThom 47,2
Und es ist nicht möglich, dass ein Sklave zwei Herren dient. Entweder wird er den einen ehren und den anderen wird er schmähen.

Q 16,16
Mt 11,13.12 // Lk 16,16

ὁ .. νόμος καὶ οἱ προφῆται ⟦ἕως⟧ Ἰωάννου· ἀπὸ τότε ἡ βασιλεία τοῦ θεοῦ βιάζεται καὶ βιασταὶ ἁρπάζουσιν αὐτήν.

Q 16,17
Mt 5,18 // Lk 16,17

⟦εὐκοπώτερον δέ ἐστιν τὸν⟧ οὐρανὸ⟦ν⟧ καὶ ⟦τὴν⟧ γῆ⟦ν⟧ παρελθ⟦εῖν ἢ ἰῶτα ἓν ἢ⟧ μία⟦ν⟧ κεραία⟦ν⟧ τοῦ νόμου ⟦πεσεῖν⟧.

Mk 13,30f
30 Ἀμὴν λέγω ὑμῖν ὅτι οὐ μὴ παρέλθῃ ἡ γενεὰ αὕτη μέχρις οὗ ταῦτα πάντα γένηται. 31 ὁ οὐρανὸς καὶ ἡ γῆ παρελεύσονται, οἱ δὲ λόγοι μου οὐ μὴ παρελεύσονται.

Q 16,18
Mt 5,32 // Lk 16,18

πᾶς ὁ ἀπολύων τὴν γυναῖκα αὐτοῦ ⟦καὶ γαμῶν <ἄλλην>⟧ μοιχεύει, καὶ ὁ ἀπολελυμένην γαμῶν μοιχ⟦εύει⟧.

Mk 10,11b-12
11b ὃς ἂν ἀπολύσῃ τὴν γυναῖκα αὐτοῦ καὶ γαμήσῃ ἄλλην μοιχᾶται ἐπ' αὐτήν· 12 καὶ ἐὰν αὐτὴ ἀπολύσασα τὸν ἄνδρα αὐτῆς γαμήσῃ ἄλλον μοιχᾶται.

Q 17,1f
Mt 18,7.6 // Lk 17,1f

1 ἀνάγκη ἐλθεῖν τὰ σκάνδαλα, πλὴν οὐαὶ δι' οὗ ἔρχεται. 2 λυσιτελεῖ αὐτῷ ⟦εἰ⟧ λίθος μυλικὸς περίκειται περὶ τὸν τράχηλον αὐτοῦ καὶ ἔρριπται εἰς τὴν θάλασσαν ἢ ἵνα σκανδαλίσῃ τῶν μικρῶν τούτων ἕνα.

Seit Johannes die Königsherrschaft Gottes

.. Das Gesetz und die Propheten «sind» bis Johannes. Von da an leidet die Königsherrschaft Gottes Gewalt, und Gewalttäter rauben sie.

Kein Häkchen des Gesetzes fällt

⟦Es ist aber leichter, dass⟧ der Himmel und die Erde vergehen, ⟦als dass ein Jota oder⟧ ein Häkchen des Gesetzes ⟦fällt⟧.

Mk 13,30f
[30] Amen, ich sage euch: Diese Generation wird nicht vergehen, bis dieses alles geschieht. [31] Der Himmel und die Erde werden vergehen, meine Worte aber werden nicht vergehen.

Scheidung bedeutet Ehebruch

Jeder, der seine Frau entlässt ⟦und eine andere heiratet⟧, begeht Ehebruch, und wer eine Entlassene heiratet, begeht Ehebruch.

Mk 10,11b-12
[11b] Wer seine Frau entlässt und eine andere heiratet, begeht ihr gegenüber Ehebruch; [12] und wenn sie ihren Mann entlässt und einen anderen heiratet, begeht sie Ehebruch.

Wehe den Verführern

[1] Es ist notwendig, dass Verführungen kommen, aber wehe «dem», durch den sie kommen! [2] Es wäre vorteilhafter für ihn, ⟦wenn⟧ ein Mühlstein um seinen Hals gelegt und er in das Meer gestürzt worden wäre, als dass er einen von diesen Kleinen verführt.

Mk 9,42

Καὶ ὃς ἂν σκανδαλίσῃ ἕνα τῶν μικρῶν τούτων τῶν πιστευόντων [εἰς ἐμέ], καλόν ἐστιν αὐτῷ μᾶλλον εἰ περίκειται μύλος ὀνικὸς περὶ τὸν τράχηλον αὐτοῦ καὶ βέβληται εἰς τὴν θάλασσαν.

Q 15,4-5a.7

Mt 18,12-14 // Lk 15,4-7

4 τίς < > ἄνθρωπος ἐξ ὑμῶν < > ἔχ< > ἑκατὸν πρόβατα καὶ ⟦ἀπολέσας⟧ ἓν ἐξ αὐτῶν, οὐ⟦χι ἀφήσ⟧ει τὰ ἐνενήκοντα ἐννέα ⟦ἐπὶ τὰ ὄρη⟧ καὶ πορευ⟦θεὶς ζητεῖ⟧ τὸ ⟦ἀπολωλός⟧; 5a καὶ ἐὰν γένηται εὑρεῖν αὐτό, ~~5a-6~~ 7 λέγω ὑμῖν ὅτι χαίρει ἐπ᾽ αὐτῷ μᾶλλον ἢ ἐπὶ τοῖς ἐνενήκοντα ἐννέα τοῖς μὴ πεπλανημένοις.

Q 15,⟦8-10⟧

Lk 15,8-10

⟦8⟧ ⟦«ἢ τίς γυνὴ ἔχουσα δέκα δραχμὰς ἐὰν ἀπολέσῃ δραχμὴν μίαν, οὐχὶ ἅπτει λύχνον καὶ σαροῖ τὴν οἰκίαν καὶ ζητεῖ ἕως εὕρῃ;»⟧ ⟦9⟧ ⟦«καὶ εὑροῦσα καλεῖ τὰς φίλας καὶ γείτονας λέγουσα· χάρητέ μοι, ὅτι εὗρον τὴν δραχμὴν ἣν ἀπώλεσα.»⟧ ⟦10⟧ ⟦«οὕτως, λέγω ὑμῖν, γίνεται χαρὰ <ἔμπροσθεν> τῶν ἀγγέλων ἐπὶ ἑνὶ ἁμαρτωλῷ μετανοοῦντι.»⟧

Mk 9,42
Und wer einen von diesen Kleinen, die [an mich] glauben, verführt, für den wäre es besser, wenn ihm ein Esels-Mühlstein um den Hals gelegt und er ins Meer geworfen worden wäre.

Das verlorene Schaf

4 Welcher Mensch von euch, «der» hundert Schafe hat und eines von ihnen ⟦verliert, wird⟧ nicht die neunundneunzig ⟦in den Bergen⟧ lassen und losgehen und das ⟦verlorene suchen⟧? 5a Und wenn es geschieht, dass er es findet, ~~5b-6~~ 7 ich sage euch: Er freut sich über dieses mehr als über die neunundneunzig, die sich nicht verirrt haben.

EvThom 107
1 Jesus spricht: Das Königreich gleicht einem Hirten, der hundert Schafe hat. 2 Eines von ihnen verirrte sich, das größte. Er ließ die neunundneunzig, (und) er suchte nach dem einen, bis er es fand. 3 Nachdem er sich abgeplagt hatte, sprach er zu dem Schaf: Ich liebe dich mehr als die neunundneunzig.

⟦Die verlorene Drachme⟧

⟦8⟧ ⟦«Oder welche Frau, die zehn Drachmen hat, zündet nicht, wenn sie eine Drachme verliert, eine Lampe an und fegt das Haus aus und sucht, bis sie sie findet?»⟧ ⟦9⟧ ⟦«Und wenn sie sie gefunden hat, ruft sie ihre Freundinnen und Nachbarinnen und sagt: Freut euch mit mir, denn ich habe die Drachme gefunden, die ich verloren hatte.»⟧ ⟦10⟧ ⟦«So, sage ich euch, ist Freude vor den Engeln über einen Sünder, der umkehrt.»⟧

Q 17,3f
Mt 18,15.21f // Lk 17,3f

[3] ἐὰν ἁμαρτήσῃ ⟦εἰς σὲ⟧ ὁ ἀδελφός σου ἐπιτίμησον αὐτῷ, καὶ ἐὰν ⟦μετανοήσῃ⟧ ἄφες αὐτῷ. [4] καὶ ἐὰν ἑπτάκις τῆς ἡμέρας ἁμαρτήσῃ εἰς σὲ καὶ ἑπτάκις ἀφήσεις αὐτῷ.

Q 17,6
Mt 17,20b // Lk 17,6

εἰ ἔχετε πίστιν ὡς κόκκον σινάπεως, ἐλέγετε ἂν τῇ συκαμίνῳ ταύτῃ· ἐκριζώθητι καὶ φυτεύθητι ἐν τῇ θαλάσσῃ· καὶ ὑπήκουσεν ἂν ὑμῖν.

Mk 11,22b-23
[22b] ἔχετε πίστιν θεοῦ. [23] ἀμὴν λέγω ὑμῖν ὅτι ὃς ἂν εἴπῃ τῷ ὄρει τούτῳ· ἄρθητι καὶ βλήθητι εἰς τὴν θάλασσαν, καὶ μὴ διακριθῇ ἐν τῇ καρδίᾳ αὐτοῦ ἀλλὰ πιστεύῃ ὅτι ὃ λαλεῖ γίνεται, ἔσται αὐτῷ.

Q 17,⟦20f⟧
Mt 24,23 // Lk 17,20f

⟦20⟧ ⟦«Ἐπερωτηθεὶς δὲ πότε ἔρχεται ἡ βασιλεία τοῦ θεοῦ ἀπεκρίθη αὐτοῖς καὶ εἶπεν· οὐκ ἔρχεται ἡ βασιλεία τοῦ θεοῦ μετὰ παρατηρήσεως,»⟧ ⟦21⟧ ⟦.. ἰδοὺ ὧδε ἤ· ... , «ἰδοὺ γὰρ ἡ βασιλεία τοῦ θεοῦ ἐντὸς ὑμῶν ἐστιν.»⟧

Vergebt einander immer wieder

[3] Wenn dein Bruder ⟦gegen dich⟧ sündigt, weise ihn zurecht, und wenn ⟦er umkehrt⟧, vergib ihm! [4] Und wenn er siebenmal am Tag gegen dich sündigt, sollst du auch siebenmal ihm vergeben.

Glaube wie ein Senfkorn

Wenn ihr Glaube habt wie ein Senfkorn, würdet ihr diesem Maulbeerbaum sagen: Entwurzele und pflanze dich in das Meer! Und er würde euch gehorchen.

Mk 11,22b-23
[22b] Habt Glauben an Gott. [23] Amen, ich sage euch: Wer immer zu diesem Berg sagt: Hebe dich «in die Höhe», und wirf dich ins Meer!, und in seinem Herzen nicht zweifelt, sondern glaubt, dass geschieht, was er sagt, wird es ihm sein.

EvThom 48
Jesus spricht: Wenn zwei miteinander Frieden schließen in ein und demselben Haus, (dann) werden sie zum Berg sagen: Hebe dich weg, und er wird sich wegheben.

⟦Die Königsherrschaft Gottes ist in eurer Mitte⟧

⟦20⟧ ⟦«Als er aber gefragt wurde, wann die Königsherrschaft Gottes komme, antwortete er ihnen und sagte: Die Königsherrschaft Gottes kommt nicht beobachtbar.»⟧ ⟦21⟧ ⟦«Noch wird man sagen:» Siehe hier! oder: «Dort! Denn, siehe, die Königsherrschaft Gottes ist in eurer Mitte.»⟧

Mk 13,21 (vgl. unten zu Q 17,23f)

EvThom 3,1-3 (P.Oxy. 654)
1 λέγει Ἰ[η(σοῦ)ς· ἐὰν] οἱ ἕλκοντες <ὑ>μᾶς [εἴπωσιν ὑμῖν· ἰδοὺ] ἡ βασιλεία ἐν οὐρα[νῷ, ὑμᾶς φθήσεται] τὰ πετεινὰ τοῦ οὐρ[ανοῦ· 2 ἐὰν δ' εἴπωσιν ὅ]τι ὑπὸ τὴν γῆν ἐστ[ιν, εἰσελεύσονται] οἱ ἰχθύες τῆς θαλά[σσης προφθάσαν]τες ὑμᾶς· 3 καὶ ἡ βασ[ιλεία τοῦ θεοῦ] ἐντὸς ὑμῶν [ἐσ]τι [κἀκτός].

Q 17,23f
Mt 24,26f // Lk 17,23f

23 ἐὰν εἴπωσιν ὑμῖν· ἰδοὺ ἐν τῇ ἐρήμῳ ἐστίν, μὴ ἐξέλθητε· ἰδοὺ ἐν τοῖς ταμείοις, μὴ διώξητε· 24 ὥσπερ γὰρ ἡ ἀστραπὴ ἐξέρχεται ἀπὸ ἀνατολῶν καὶ φαίνεται ἕως δυσμῶν, οὕτως ἔσται ⟦ὁ⟧ υἱὸ⟦ς⟧ τοῦ ἀνθρώπου ⟦ἐν τῇ ἡμέρᾳ αὐτοῦ⟧.

Mk 13,21
Καὶ τότε ἐάν τις ὑμῖν εἴπῃ· ἴδε ὧδε ὁ χριστός, ἴδε ἐκεῖ, μὴ πιστεύετε·

EvThom 3,1-3 (P.Oxy. 654)
[1] Jesus spricht: [Wenn] die, die <euch> verführen, [euch sagen: Siehe,] im Himmel ist das Königreich, [werden euch] die Vögel des Himmels [zuvorkommen. [2] Wenn sie aber sagen:] Es ist unter der Erde, [werden] die Fische des Meeres [hineingehen], euch [zuvorkommend]. [3] Das Königreich [Gottes] ist innerhalb von euch [und außerhalb.]

EvThom 3,1-3 (Nag Hammadi II)
[1] Jesus spricht: Wenn die, die euch vorangehen, zu euch sagen: Siehe, im Himmel ist das Königreich, dann werden euch die Vögel des Himmels zuvorkommen. [2] Wenn sie zu euch sagen: Es ist im Meer, dann werden euch die Fische zuvorkommen. [3] Vielmehr: Das Königreich ist innerhalb von euch und außerhalb von euch.

EvThom 113
[1] Seine Jünger sprachen zu ihm: Das Königreich – an welchem Tag wird es kommen? [2] Nicht im Erwarten wird es kommen! [3] Sie werden nicht sagen: Siehe, hier! oder: Siehe, dort! [4] Vielmehr ist das Königreich des Vaters ausgebreitet über die Erde, und die Menschen sehen es nicht.

G. Das Ende
Q 17,23–22,30

Der Tag des Menschensohnes
Q 17,23-37

Der Menschensohn kommt wie ein Blitz

[23] Wenn sie euch sagen: Siehe, er ist in der Wüste, geht nicht hinaus; siehe, er ist in den Kammern, lauft «ihnen» nicht nach. [24] Denn wie der Blitz vom Osten ausgeht und bis zum Westen leuchtet, so wird der Menschensohn ⟦an seinem Tag⟧ sein.

Mk 13,21
Und dann, wenn einer euch sagt: Siehe hier ist der Messias! Siehe, dort ist er!, glaubt es nicht.

EvThom 3,1f (vgl. oben zu Q 17,⟦20f⟧)

Q 17,37
Mt 24,28 // Lk 17,37

37 ὅπου τὸ πτῶμα, ἐκεῖ συναχθήσονται οἱ ἀετοί.

Q 17,26f.?28f? 30
Mt 24,37-39 // Lk 17,26-30

26 .. ⟦καθὼς⟧ .. ⟦ἐγένετο ἐν τ⟧αῖ⟦ς⟧ ἡμέραι⟦ς⟧ Νῶε, οὕτως ἔσται
⟦ἐν τ<ῇ> ἡμέρ<ᾳ>⟧ τοῦ υἱοῦ τοῦ ἀνθρώπου. 27 ⟦ὡς γὰρ ἦσαν
ἐν ταῖς ἡμέραις ἐκείναις⟧ τρώγοντες καὶ πίνοντες, γαμοῦντες
καὶ γαμίζ⟦οντες⟧, ἄχρι ἧς ἡμέρας εἰσῆλθεν Νῶε εἰς τὴν
κιβωτόν, καὶ ἦλθεν ὁ κατακλυσμὸς καὶ ἦρεν ἅπαντας, ?28f? ..
30 οὕτως ἔσται καὶ ᾗ ἡμέρᾳ ὁ υἱὸς τοῦ ἀνθρώπου ἀποκα-
λύπτεται.

→ Q 17,33 oben nach Q 14,27.

Q 17,34f
Mt 24,40f // Lk 17,34f

34 λέγω ὑμῖν, ἔσονται δύο ⟦ἐν τῷ ἀγρῷ⟧, εἷς παραλαμβάνεται
καὶ εἷς ἀφίεται· 35 δύο ἀλήθουσαι ἐν τῷ μύλῳ, μία παρα-
λαμβάνεται καὶ μία ἀφίεται.

→ Q 17,37 oben nach Q 17,23f.

Wo das Aas, dort die Geier

[37] Wo das Aas «ist», dort werden sich die Geier versammeln.

Wie in den Tagen des Noach

[26] .. Wie ⟦es geschah in⟧ den Tagen Noachs, so wird es auch ⟦a<m> Tag<>⟧ des Menschensohns sein. [27] ⟦Denn wie sie in jenen Tagen⟧ aßen und tranken, heirateten und verheirateten bis zu dem Tag, an dem Noach in die Arche hineinging und die Flut kam und alle wegraffte, [?28f?] .. [30] so wird es auch an dem Tag sein, an dem der Menschensohn offenbar wird.

Mitgenommen oder zurückgelassen

[34] Ich sage euch, zwei «Männer» werden ⟦auf dem Acker⟧ sein; einer wird mitgenommen und einer wird zurückgelassen. [35] Zwei «Frauen» werden an der Mühle mahlen, eine wird mitgenommen und eine wird zurückgelassen.

EvThom 61,1
Jesus sprach: Zwei werden ruhen auf einem Bett. Der eine wird sterben, der andere wird leben.

Q 19,12f.15-24.26
Mt 25,14-30 // Lk 19,12-26

[12] .. ἄνθρωπός τις ἀποδημῶν [13] ἐκάλεσεν δέκα δούλους ἑαυτοῦ
καὶ ἔδωκεν αὐτοῖς δέκα μνᾶς ⟦καὶ εἶπεν αὐτο<ῖ>ς· πραγμα-
τεύσασθε ἐν ᾧ ἔρχομαι⟧. ~~[Mt 25,15c-18 14]~~ [15] .. ⟦μετὰ⟧ .. ⟦πολὺν
χρόνον⟧ ἔρχεται ὁ κύριος τῶν δούλων ἐκείνων καὶ συναίρει
λόγον μετ' αὐτῶν. [16] καὶ ⟦<ἦ>λθ<εν>⟧ ὁ πρῶτος λέγων· κύριε,
ἡ μνᾶ σου δέκα προσηργάσατο μνᾶς. [17] καὶ εἶπεν αὐτῷ· εὖ,
ἀγαθὲ δοῦλε, ἐπὶ ὀλίγα ἦς πιστός, ἐπὶ πολλῶν σε κατστήσω.
[18] καὶ ἦλθεν ὁ ⟦δεύτερος⟧ λέγων· κύριε, ἡ μνᾶ σου ἐποίησεν
πέντε μνᾶς. [19] εἶπεν ⟦αὐτ⟧ῷ· ⟦εὖ, ἀγαθὲ δοῦλε, ἐπὶ ὀλίγα ἦς
πιστός,⟧ ἐπὶ πολλῶν σε καταστήσω. [20] καὶ ἦλθεν ὁ ἕτερος
λέγων· κύριε, [21] ⟦ἔγνων⟧ σε ὅτι σκληρὸς εἶ ἄνθρωπος, θερίζων
ὅπου οὐκ ἔσπειρας καὶ συνάγων ὅθεν οὐ διεσκόρπισας, καὶ
φοβ⟦ηθεὶς ἀπελθὼν⟧ ἔκρυψα ⟦<τὴν μνᾶν> σου⟧ ἐν ⟦τῇ γῇ⟧·
ἴδ⟦ε⟧ ἔχεις τὸ σόν. [22] λέγει αὐτῷ· πονηρὲ δοῦλε, ᾔδεις ὅτι
θερίζω ὅπου οὐκ ἔσπειρα καὶ συνάγω ὅθεν οὐ διεσκόρπισα;
[23] ⟦ἔδει σε οὖν βαλεῖν⟧ μου τ⟦ὰ⟧ ἀργύρι⟦α τοῖς⟧ τραπεζ⟦ίταις⟧,
καὶ ἐλθὼν ἐγὼ ἐκομισάμην ἂν τὸ ἐμὸν σὺν τόκῳ. [24] ἄρατε οὖν
ἀπ' αὐτοῦ τὴν μνᾶν καὶ δότε τῷ ἔχοντι τὰς δέκα μνᾶς· ~~[25]~~ [26] τῷ
⟦γὰρ⟧ ἔχοντι παντὶ δοθήσεται, τοῦ δὲ μὴ ἔχοντος καὶ ὃ ἔχει
ἀρθήσεται ἀπ' αὐτοῦ. ⟦~~[27]~~⟧

Mk 13,34
Ὡς ἄνθρωπος ἀπόδημος ἀφεὶς τὴν οἰκίαν αὐτοῦ καὶ δοὺς τοῖς δούλοις αὐτοῦ τὴν ἐξουσίαν ἑκάστῳ τὸ ἔργον αὐτοῦ, καὶ τῷ θυρωρῷ ἐνετείλατο ἵνα γρηγορῇ.

Mk 4,25
ὃς γὰρ ἔχει, δοθήσεται αὐτῷ· καὶ ὃς οὐκ ἔχει, καὶ ὃ ἔχει ἀρθήσεται ἀπ' αὐτοῦ.

Das Gleichnis vom anvertrauten Geld
Q 19,12f.15-24.26

[12] .. Ein Mensch, der auf Reisen gehen «wollte», [13] rief zehn seiner Sklaven und gab ihnen zehn Minen ⟦und sagte ihnen: Macht Geschäfte «damit», bis ich komme⟧. ~~Mt 25,15c-18~~ ~~14~~ [15] .. ⟦Nach langer Zeit⟧ kommt der Herr jener Sklaven und hält Abrechnung mit ihnen. [16] Und der erste ⟦kam⟧ und sagte: Herr, deine Mine hat zehn Minen hinzuerworben. [17] Und er sagte ihm: «Sehr» gut, du guter Sklave, mit wenigem warst du zuverlässig, über vieles werde ich dich stellen. [18] Und der ⟦zweite⟧ kam und sagte: Herr, deine Mine hat fünf Minen gemacht. [19] Er sagte ⟦ihm: «Sehr» gut, du guter Sklave, mit wenigem warst du zuverlässig,⟧ über vieles werde ich dich stellen. [20] Und der dritte kam und sagte: Herr, [21] ⟦ich wusste⟧ von dir, dass du ein harter Mensch bist, du erntest, wo du nicht gesät hast, und sammelst ein von dort, wo du nicht ausgestreut hast; und aus Furcht ⟦ging ich hin und⟧ verbarg ⟦deine <Mine>⟧ in ⟦der Erde⟧. Sieh, «hier» hast du das Deine. [22] Er sagt ihm: Du böser Sklave! Du wusstest, dass ich ernte, wo ich nicht gesät habe, und von dort einsammle, wo ich nicht ausgestreut habe? [23] ⟦Daher hättest du⟧ mein Geld ⟦zu den⟧ Geld⟦wechslern⟧ bringen ⟦müssen⟧, und bei meinem Kommen hätte ich das Meine mit Zins zurückerhalten. [24] Nehmt ihm daher die Mine weg und gebt sie dem, der die zehn Minen hat. ~~25~~ [26] ⟦Denn⟧ jedem, der hat, wird gegeben werden, von dem jedoch, der nicht hat, von dem wird auch das, was er hat, weggenommen werden. ⟦~~27~~⟧

Mk 13,34
Wie ein Mensch auf Reisen, der sein Haus verließ und seinen Sklaven die Vollmacht gab, jedem sein Werk, und dem Türhüter gebot er, dass er wache.

Mk 4,25
Denn wer hat, dem wird gegeben werden; und wer nicht hat, von dem wird auch das, was er hat, weggenommen werden.

Q 22,28.30
Mt 19,28 // Lk 22,28-30

[28] ὑμεῖς .. οἱ ἀκολουθήσαντές μοι ~~[29]~~ [30] .. καθήσεσθε ἐπὶ θρόν⟦ους⟧ κρίνοντες τὰς δώδεκα φυλὰς τοῦ Ἰσραήλ.

EvThom 41
[1] Jesus spricht: Wer (etwas) in seiner Hand hat – ihm wird gegeben werden.
[2] Und wer nichts hat – auch das Wenige, was er hat, wird von ihm weggenommen werden.

Ihr werdet die zwölf Stämme Israels richten
Q 22,28.30

[28] Ihr .., die ihr mir gefolgt seid, [29] [30] werdet .. auf Thronen sitzen und die zwölf Stämme Israels richten.

Anmerkungen zur Textrekonstruktion der *Critical Edition of Q*

von Paul Hoffmann

Entsprechend der Zwei-Quellen-Theorie geht die Q-Rekonstruktion des *International Q Project* (IQP) von den Texteinheiten aus, die das Matthäus- und Lukasevangelium gemeinsam haben. Dabei wird vorausgesetzt, dass Q den beiden Evangelisten bereits in einer griechischen Fassung schriftlich vorlag. Häufig stimmen die beiden Überlieferungen wörtlich oder doch nahezu wörtlich überein, sodass sich *der ursprüngliche Wortlaut* problemlos erschließen lässt. An anderen Stellen lassen zwar die Übereinstimmungen eine gemeinsame Vorlage erkennen, in Einzelheiten zeigen die beiden Fassungen jedoch erhebliche Unterschiede. Diese können die Wortwahl, die Satzkonstruktion (z.B. Partizip oder Relativsatz), Erweiterungen oder Kürzungen usw. oder auch die Struktur des Spruches betreffen. Die Unterschiede lassen verschiedene Erklärungen zu. Q kann z.B. beiden in unterschiedlichen Rezensionen (Q^{Mt}, Q^{Lk}) vorgelegen haben. In der Mehrzahl der Stellen dürften die Abweichungen jedoch auf die Redaktionsarbeit der beiden Evangelisten zurückgehen. Sie redigierten den überlieferten Text ihrem stilistischen Empfinden und theologischen oder pastoralen Interessen folgend. Dabei ist ein Einfluss der mündlichen Gemeindeüberlieferung auf die Evangelisten nicht auszuschließen.

Die Unterschiede betreffen auch die *Position* der Sprüche. Bei Lukas ist das Q-Material blockweise in den Markusrahmen eingefügt: Q 3 und 4 in Lk 3,1–4,13, Q 6 und 7 in Lk 6,20–7,35 und der Rest vor allem in den sog. Reisebericht Lk 9,51–19,28. Lukas ergänzt das Q- (und Markus-)Material durch weitere Stoffe des sog. Sonderguts. Dabei ist er vor allem im Reisebericht bestrebt, die relativ spröden Spruchreihen aus Q in dramatisch gestaltete Szenen mit wechselnden Adressaten einzubetten und so der von ihm „erzählten Welt“ zu integrieren. Matthäus lässt ein anderes Verfahren erkennen. Bei ihm sind die Q-Stoffe in der Regel in größeren thematischen Redekompositionen zusammengefasst. Auch er verbindet sie dort mit weiteren Überlieferungen. Es besteht weithin Konsens darüber, dass die vorliegende Gestalt dieser Redekompositionen auf den Autor des

Matthäusevangeliums zurückgeht. Das IQP folgte daher in der Zitation der Q-Sprüche der lukanischen Anordnung, ohne deswegen auszuschließen, dass auch Lukas gelegentlich einzelne Sprüche umgestellt haben kann. Entscheidend für die Rekonstruktion der Gesamtgestalt von Q ist allerdings, dass – trotz dieser Unterschiede in der Anordnung der Q-Stoffe – beide erkennen lassen, dass auch von der Q-Redaktion – anders als z.B. im Thomasevangelium – die Einzelsprüche bereits zu Redekompositionen mit deutlich erkennbaren thematischen Schwerpunkten zusammengestellt worden waren. Die Komposition des Spruchmaterials und dessen historisierende Rahmung fängt also bereits in Q an. Im Textteil wurde daher versucht, durch Zwischenüberschriften das kompositorische Arrangement in Q zu verdeutlichen.

Sowohl in der Frage der Einzelrekonstruktion als auch hinsichtlich der Anordnung der Sprüche in Q wurde im IQP wie auch unter den drei Herausgebern der *Critical Edition of Q*, J.M. Robinson (JMR), P. Hoffmann (PH) und J.S. Kloppenborg Verbin (JSKV) weithin Konsens erzielt.

Die Entscheidungen des IQP sind das Ergebnis der Abstimmungen bei den Arbeitstreffen in den Jahren 1989 bis 1996. Diese fanden zweimal jährlich statt – zunächst nur in den USA, seit 1993 wechselweise auch in Deutschland. Den Teilnehmern lagen jeweils ein „formatierter“ Text der Matthäus-Lukas-Parallelen der betreffenden Q-Einheit vor, in dem die Textvarianten präzis definiert waren, sowie eine Dokumentation und Evaluation der bisherigen Forschung durch ein Mitglied des IQP und mindestens zwei *responses*, die zu den vorgelegten Rekonstruktionsvorschlägen kritisch Stellung nahmen. In der *Critical Edition* sind diese *Textvarianten* genau definiert und einzeln aufgeführt. An der Abstimmung über den Rekonstruktionsvorschlag waren die bei den Treffen jeweils anwesenden Mitglieder des IQP beteiligt, die Voten geben daher nicht immer die Meinung aller 47 Mitglieder des IQP wieder. Das notierte Ergebnis stellt jeweils den Durchschnittswert der abgegebenen Voten dar. Das hatte zur Folge, dass in Fällen, wo die Meinungen weit auseinander lagen (z.B. je 50% für Matthäus oder Lukas mit {B} oder {C}), das gemeinsame Ergebnis bei {D} oder Unentschieden lag. Um solche Unschärfen zu vermeiden und die Verantwortlichen für die jeweilige Textentscheidung namhaft zu machen, wurde beschlossen, dass die Textrekonstruktion des IQP für die abschließende Edition durch die drei Herausgeber nochmals überarbeitet wird. Die Entscheidung in ihrem Kreis erfolgte per Mehrheitsbeschluss. Insgesamt wurde über rund 1600 Textvarianten entschieden. Der Vergleich mit den im Folgenden aufgeführten „Streitfällen" zeigt, dass – trotz der Divergenzen in Einzelfällen – für den vorliegenden Text ein breiter Konsens gefunden werden konnte.

Die folgenden Anmerkungen informieren über jene Textvarianten, bei denen die drei Herausgeber von der Entscheidung des IQP abweichen oder sich nicht einigen konnten. In der *Critical Edition* wurden die von der Mehrheit des Herausgeberkreises nicht akzeptierten Rekonstruktionsvorschläge im Apparat notiert. Hier beschränke ich mich auf die für das Gesamtverständnis des rekonstruierten Textes wichtigeren Abweichungen. Vor allem, wenn die Meinungen nur in der Frage des Wahrscheinlichkeitsgrades (B, C oder D) auseinander gingen, habe ich in der Regel auf eine Notierung der Divergenzen verzichtet.

Q 3,⟦0⟧
Bei dem sogenannten Incipit geht es um die Frage, wie die Einleitung von Q gelautet haben kann. Da diese bei der Integration von Q in das Matthäus- und Lukasevangelium verloren ging, kann es sich nur um eine sehr hypothetische Textemendation handeln (daher nur {C}). Während JMR davon ausgeht, dass in ihr in irgendeiner Weise von den „Worten Jesu" die Rede war (< > <λογ>< > 'Ιησου< >), halten JSKV und PH nur den Rückschluss auf eine Erwähnung von Jesus für vertretbar.

Q 3,7
Die Herausgeber folgen hier der lukanischen Textfassung „um sich taufen zu lassen" (βαπτισθῆναι). Das IQP hatte sich mit {C} für das matthäische „zu seiner Taufe" (ἐπὶ τὸ βάπτισμα αὐτοῦ) entschieden.

Q 3,16
Das Problem ist hier, ob in Q neben dem „Feuer" auch vom „heiligen Geist" (ἐν πνεύματι ἁγίῳ) die Rede war. Die Dublette Mk 1,8 nennt – mit Bezug auf die christliche Geisttaufe – nur den „heiligen Geist". Matthäus und Lukas könnten daher die Wendung aus Markus übernommen und in den Q-Text sekundär eingefügt haben. Q

hätte dann nur von einer Feuertaufe durch den Kommenden gesprochen.

Das IQP entschied sich mit {B} für die Zugehörigkeit der Wendung „in heiligem Geist und Feuer“ zu Q. JMR und JSKV weisen Q das Adjektiv nur mit {C} Q zu. PH scheidet das Adjektiv in Q mit {C} aus und hält die Zugehörigkeit von „Geist“ (πνεύματι) zu Q nur mit {C} für wahrscheinlich. In diesem Fall wäre auch eine andere Übersetzung von πνεῦμα im Sinn von „Wind“, „Sturm“ möglich. Der Doppelausdruck „in Sturm und Feuer“ ließe sich dann mit „Feuersturm“ wiedergeben.

Q 3,⟦21f⟧
Die Zugehörigkeit des knappen Berichts von der Taufe Jesu zu Q wird vom IQP und JSKV mit {D} in Frage gestellt. Die Berührungen von Matthäus und Lukas sowie die Tatsache, dass die folgende Versuchungsgeschichte die Bezeichnung Jesu als Sohn Gottes verwendet, veranlassten JMR und PH eine Erwähnung der Taufe Jesu in Q mit {C} vorauszusetzen.

Q 4,1f
Die Rekonstruktion der Einleitung der Versuchungsgeschichte ist wegen der Überlappung mit der Markustradition schwierig. Anders als die Herausgeber entschied das IQP mit {C} gegen die Zugehörigkeit des matthäischen „wurde hinaufgeführt“ (ἀνήχθη) zu Q und ließ unentschieden, ob in Q mit Matthäus „in die Wüste“ (εἰς τὴν ἔρημον) oder mit Lukas „in der Wüste“ (ἐν τῇ ἐρήμῳ) zu lesen ist.

In der Angabe des Zwecks, „um vom Teufel versucht zu werden“, wurde vom IQP der Infinitiv Aorist πειρασθῆναι im Unterschied zur *Critical Edition* (JMR und JSKV) nicht nur mit {C}, sondern mit {B} für Q reklamiert. Nach PH ist die Angabe als Ganze mit {C} auf die matthäische Redaktion zurückzuführen.

Während es für JMR und JSKV nicht entscheidbar ist, ob mit Mt 4,2 „er fastete“ (νηστεύσας) oder mit Lk 4,2 „er aß nichts“ (οὐκ ἔφαγεν οὐδέν) in Q zu lesen ist, entscheiden sich PH mit {C} für die matthäische, das IQP mit {C} für die lukanische Formulierung.

Q 4,9
Das IQP hält es für nicht entscheidbar, ob in Q mit Mt 4,5 „in die heilige Stadt“ (εἰς τὴν ἁγίαν πόλιν) oder mit Lk 4,9 „nach Jerusalem“ zu lesen ist.

Q 4,16
Die ungewöhnliche Schreibweise von Nazaret in Mt 4,13 und Lk 4,16 „Nazara“ (Ναζαρά) lässt sich als Reminiszenz an eine entsprechende Ortsangabe in Q deuten, wenn auch die Kontexte bei Matthäus und Lukas völlig verschieden sind. Nach Matthäus verlässt Jesus Nazara und lässt sich in Kafarnaum nieder, nach Lukas geht Jesus nach Nazara (vgl. Mk 6,1). In welchem Kontext die Ortsangabe in Q stand, muss offen bleiben.

Q 6,20
Umstritten ist hier die Wendung „und er richtete seine Augen (auf seine Jünger)“. JMR und JSKV führen sie auf Q zurück, PH hingegen auf die Redaktion des Lukas, der durch die Einführung des visuellen Moments die Szene dramatisiere und so speziell die Jünger als die Adressaten der folgenden Seligpreisungen von der Volksmenge absetze (vgl. in Lk 6,17-19 die Gegenüberstellung der großen Menge der Jünger und der großen Zahl des Volkes). Konsens besteht, dass sich die Rede in Q nur an Jünger richtete. PH emendiert daher mit {C} „(und er sagte) den Jüngern“ (τ<οῖς> μαθητ<αῖς>). Umstritten ist auch das Tempus des Verbs. PH übernimmt für Q mit {C} das Imperfekt des Lukas: „er sagte“ (ἔλεγεν). JSKV emendiert mit {C} das Präsens „er sagt“ (λέγ<ει>). Das IQP hatte mit {C} vorgeschlagen, den Aorist <εἶπεν> zu emendieren. JMR hält die Frage für nicht entscheidbar. Vgl. zur Diskussion jetzt Hieke, Q 6:20-21 (Documenta Q), 66-77.

Q 6,21
Umstritten ist in der Q-Forschung, ob in Q die ersten drei Seligpreisungen wie bei Matthäus in der dritten oder wie bei Lukas in der zweiten Person formuliert waren. Für beide Auffassungen lassen sich Argumente bringen. Matthäus kann die in Makarismen gattungsmäßig dominierende dritte Person eingeführt haben, als er die direkte Heilszusage an die Armen, Hungernden und Trauernden in Q im Blick auf die Gemeindeparänese ethisierte. Umgekehrt kann

aber auch Lukas die ihm in der letzten Seligpreisung in Q bereits vorgegebene zweite Person auf die ersten drei ausgeweitet haben. Er gleicht dadurch formal die Makarismenreihe den höchstwahrscheinlich erst von ihm eingeführten vier Weherufen gegen die Reichen (Lk 6,24-26) an, die gattungsgemäß in der zweiten Person formuliert sind. Zugleich erreicht er dadurch inhaltlich, dass die Jünger, auf die Jesus nach Lk 6,20a seinen Blick richtet, direkt angesprochen und als die exemplarisch Armen den reichen Weltmenschen gegenübergestellt werden. Das entspräche durchaus seinem paränetischen Interesse. Die Herausgeber entscheiden sich daher für die zweite Person nur mit {C} (so auch in der Seligpreisung der Armen Q 6,20b) – im Unterschied zum IQP, das für die zweite Person mit {B} votierte. In Hieke, Q 6:20-21 (Documenta Q), 195-199.278.322 plädiert PH mit {C} für die Verwendung der dritten Person in Q.

Umstritten ist auch, ob Matthäus – in Anspielung an Jes 61,2 – mit den „Trauernden", die getröstet, oder Lukas mit den „Weinenden", die lachen werden, den ursprünglichen Q-Text erhalten hat. JMR und PH entscheiden sich mit {C} für Matthäus, das IQP und JSKV mit {C} für Lukas. Für die Matthäus-Fassung spricht, dass Q auch in 7,22 „Arme bekommen eine gute Botschaft" auf Jes 61,1 Bezug nimmt, um in der Antwort Jesu auf die Anfrage des Täufers Q 6,20f als Erfüllung prophetischer Verheißung zu qualifizieren. Q war also daran interessiert, Jesu Botschaft an die Armen auf Jes 61,1f zu beziehen. Lukas hat wahrscheinlich mit Rücksicht auf den Weheruf gegen die lachenden Reichen das Wortpaar „weinen – lachen" in die Makarismen eingeführt. Er konnte schlecht sein Wehe gegen die „getrösteten (Reichen)" richten. Lachen ist das Kennzeichen des reichen Weltmenschen. Lk 6,24 „Wehe euch, ihr Reichen, denn ihr habt euren Trost weg" (ἀπέχετε τὴν παράκλησιν ὑμῶν) sowie 6,25b „Wehe euch ihr Lachenden, denn ihr werdet trauern (πενθήσετε) und weinen" erinnert noch an den ursprünglichen Q-Text.

Q 6,22f

Im vierten Makarismus weisen das IQP mit {D}, JSKV mit {C} den nur durch Lukas bezeugten ersten Bedingungssatz „wenn euch die Menschen hassen" – ohne das Subjekt „die Menschen" – Q zu: ὅταν μισήσουσιν ὑμᾶς ... καί. JMR und PH schließen dies mit {C} aus. Während die *Critical Edition* mit JMR und PH in dem von Matthäus und Lukas bezeugten zweiten Bedingungssatz bei der Beschreibung der Jüngerdrangsale Matthäus bevorzugt, folgt JSKV im letzten Glied mit {C} Lukas: „und euren Namen als böse verbreiten“ (ἐκβάλωσιν τὸ ὄνομα ὑμῶν ὡς πονηρόν). Das IQP ließ die Rekonstruktion weitgehend offen.

In Q 6,23 bevorzugt das IQP mit {B} das lukanische „... taten sie den Propheten“ (ἐποίουν τοῖς προφήταις). Die Herausgeber hielten hier, wie auch schon in Q 6,22, die Übernahme des matthäischen „verfolgen“ (Mt 5,12) für gerechtfertigt, da der Terminus für den Sprachgebrauch von Q in 11,49 – gleichfalls im Zusammenhang mit dem Geschick der Propheten und Weisen – sicher belegt ist.

Q 6,~~24-26~~
JSKV hält – im Gegensatz zu JMR und PH – die Weherufe Lk 6,24-26 mit {C} für Q.

Q 6,27-36
In der Forschung ist die Abfolge der Sprüche in Q seit je umstritten. Es geht vor allem um die Stellung des Gebots der Feindesliebe. Bei Matthäus steht es in der sechsten Antithese (Mt 5,43-48) nach der Antithese vom Gewaltverzicht (Mt 5,38-42) am Ende der ganzen Reihe zusammen mit den Sprüchen Q 6,32.34.36, bei Lukas taucht es zweimal auf: Am Anfang der Reihe in Lk 6,27f der Imperativ und am Ende in Lk 6,35 nochmals der Imperativ mit seiner Begründung. In diesen „Rahmen“ sind bei Lukas dann die Sprüche vom Gewaltverzicht (Q 6,29), vom Geben und Leihen (Q 6,30), die Goldene Regel (Q 6,31) und die Sprüche von vorbehaltloser Liebe (Q 6,32.34) gestellt. Die Abfolge der *Critical Edition* mit dem Gebot der Feindesliebe samt seiner Begründung am Anfang der Spruchreihe (ohne eine Wiederholung am Ende) entspricht dem Vorschlag von PH. JSKV hält dagegen an der lukanischen Struktur für Q fest (Q 6,27f am Anfang, Q 6,35a.b und 6,35c.d nach Q 6,27-34 am Ende). JMR folgt der Reihenfolge bei Matthäus und stellt das Feindesliebegebot samt Begründung (Q 6,27f.35c.d) nach Q 6,29f.(31) vor die Sprüche Q 6,32.34.36.

Q 6,28
Anders als die *Critical Edition* folgt das IQP nicht Mt „... die euch verfolgen“ (διωκόντων), sondern mit {C} Lk „... die euch schmä-

hen / misshandeln“ (ἐπηρεαζόντων). Zu „verfolgen“ vgl. oben zu Q 6,23.

Q 6,35c.d
PH reklamiert den gesamten Textvorschlag der *Critical Edition* mit {B} für Q. Das IQP lässt offen, ob in Q „Gute“ oder wie bei Lukas „Undankbare“ (ἀχαρίστους) genannt waren, und entscheidet sich für „Gerechte und Ungerechte“ nur mit {D}.

Q 6,29
Das IQP folgt in Q 6,29b nicht wie JMR und PH Mt 5,40, sondern favorisiert in der Wahl der Verben mit {D} Lk 6,29b: „Und dem, der dir (dein Untergewand) wegnimmt, verweigere (auch das Obergewand) nicht“ (ἀπὸ τοῦ αἴροντος τὸν χιτῶνά σου μὴ κωλύσεις καὶ τὸ ἱμάτιον). JSKV hält die Frage für nicht entscheidbar.

Q 6,⟦29↔30/Mt 5,41⟧
IQP und JMR entscheiden sich nicht mit {C}, sondern nur mit {D} für die Zugehörigkeit zu Q.

Q 6,30
Das IQP emendiert das Verb nicht wie die *Critical Edition* im Präsens „(von dem), der sich leiht“ (δανιζομένου), sondern im Aorist „(von dem), der sich geliehen hat“ (δανισαμένου).

Q 6,34
Für die Rekonstruktion des Textes ist ausschlaggebend, ob Mt 5,47 mit Lk 6,33 (so z.B. Alands Synopse und die Münchener Synopse) oder mit Lk 6,34 parallelisiert wird. Im ersten Fall ist die Alternative „grüßen“ (Mt) oder „Gutes tun“ (Lk), im zweiten Fall „grüßen“ oder „leihen“. Auch das IQP parallelisierte Mt 5,47 mit Lk 6,33 und hielt „die Brüder“ für ursprünglich, ließ aber offen, wie das Prädikat in Q lautete. Die *Critical Edition* parallelisiert Mt 5,47 mit Lk 6,34, da Lk 6,33 „Tuet Gutes“ (ἀγαθοποιῆτε) als lukanische Konkretisierung von Lk 6,32 „lieben“ (ἀγαπᾶτε) anzusehen ist. Auch in Lk 6,27 wird „Liebet eure Feinde“ von Lukas durch „Tuet Gutes denen, die euch hassen“ (καλῶς ποιεῖτε) präzisiert. In der Rekonstruktion von Q 6,34 folgen JSKV und PH Lk 6,34 „wenn ihr nur denen leiht, von denen ihr hofft, es zurückzubekommen“ (als Be-

zugnahme auf Q 6,30b). JMR, der den Spruch mit Matthäus dem Gebot der Feindesliebe nachstellt, rekonstruiert Mt 5,47a folgend: „(wenn) ihr nur eure Brüder grüßt“ (ἀσπάσησθε τοὺς ἀδελφοὺς ὑμῶν μόνον).

Q 6,39
Die drei Herausgeber sind sich darin einig, dass die Position des Spruches, den Matthäus in 15,14 im Kontext von Mk 7,1-23 bringt, auch in Lk 6,39 „sehr ungewiss“ ist. Denn Lk 6,39 unterbricht zusammen mit 6,40 den ursprünglichen Zusammenhang vom Verbot des Richtens (Q 6,37f) mit dem Spruch vom Splitter und Balken (Q 6,41f), der in Mt 7,1-5 erhalten ist. Dass Lukas hier in den Q-Text eingegriffen hat, zeigen seine Erweiterungen in 6,37b.c.38a.b, die das Verbot des Richtens thematisch mit dem vorangehenden Text verbinden (großzügiger Umgang mit Schuldnern und Bedürftigen), sowie auch der redaktionelle Neueinsatz in Lk 6,39a.

Q 6,40
Das zu Q 6,39 Gesagte gilt auch für den Spruch Q 6,40, den Matthäus in seiner Jüngerrede (Mt 10,24.25a) platziert. Über die ursprüngliche Position beider Sprüche in Q lässt sich nur spekulieren.

Q 6,43
Die Möglichkeit, dass Mt 7,17 (vgl. 12,33a) „Jeder gute Baum bringt schöne Frucht, jeder unbrauchbare Baum aber bringt schlechte Frucht“ auch aus Q stammt, wird von PH mit {D} bejaht, vom IQP mit {C}, von JSKV mit {D} verneint, von JMR unentschieden gelassen.

Q 6,44
In Q 6,44b entscheiden sich das IQP mit {B} und JSKV mit {C} für den Lk 6,44 genannten „Dornstrauch“ (ἐκ βάτου), JMR und PH mit {B} für die „Disteln“ Mt 7,16b.

Q 7,1
Hier folgt JMR nicht Lk 7,1a ἐπλήρωσεν, sondern mit {B} Mt 7,28a ἐτέλεσεν. Die Übersetzung „(als Jesus diese Worte) beendete“ ändert sich dadurch nicht.

Q 7,3

Die Antwort Jesu in Q 7,3b rekonstruiert das IQP als Aussagesatz: „Ich komme und werde ihn heilen", die *Critical Edition* nach Mt 8,7 als Frage. Lk 7,3 kommt wenig Relevanz zu, da dort die Aussage Teil der durch die Ältesten Jesus vermittelten Bitte des Zenturio ist: „Er sandte zu ihm Älteste der Juden bittend, dass er komme und ihn rette".

Q 7,?10?

Dass in Q hier irgendeine Notiz über die erfolgte Heilung stand, wird vom IQP und JSKV mit {B}, von JMR mit {D} angenommen. Für PH ist die Frage nicht entscheidbar.

Q 7,18

Das IQP lässt im Unterschied zur *Critical Edition* die Rekonstruktion der Einleitung bis auf die Matthäus und Lukas gemeinsamen Elemente „Johannes ... schickte durch Jünger" offen. Die Angabe des Matthäus, dass Johannes „im Gefängnis" von Jesus hörte (Mt 11,2), wird vom IQP mit {C} für Q abgelehnt. JMR, JSKV und PH halten die Frage für nicht entscheidbar.

Q 7,⟦29f⟧

In der Q-Forschung wird von den meisten Autoren die Zugehörigkeit von Lk 7,29f; Mt 21,32 zu Q, sofern sie überhaupt danach fragen, für unwahrscheinlich gehalten. Die Übereinstimmung ist in der Tat minimal. Sie liegt vor allem in der Struktur der Gegenüberstellung zweier Gruppen. In Mt 21,32b.c werden die, die Johannes nicht glaubten (das sind die im Tempel angesprochenen Gegner Jesu, nach Mt 21,23 die Hohenpriester und Ältesten des Volkes), den Zöllnern und Dirnen gegenübergestellt, die ihm glaubten. Bei Lukas werden – in umgekehrter Reihenfolge (!) – das Volk und die Zöllner, die sich taufen ließen (Lk 7,29), den Pharisäern und Gesetzeslehrern konfrontiert, die sich nicht taufen ließen (Lk 7,30). Eine wörtliche Übereinstimmung bietet nur die Erwähnung der Zöllner. Diese kann jedoch bei Matthäus kontextbedingt sein, da das Wortpaar „Zöllner und Dirnen" bereits in dem vorangehenden Spruch Mt 21,31b vorgegeben ist: „Amen ich sage euch, die Zöllner und Sünder gehen euch voran in das Königreich Gottes". Andererseits hat Lukas ein deutliches Interesse an den umkehrwilligen Zöllnern (vgl. die Parabel vom Pharisäer und Zöllner Lk 18,9-14 oder Lk 5,30; 15,1f: Zöllner im Kontrast zu Pharisäern und Schriftgelehrten). Beide Textfassungen zeigen zudem deutliche Spuren redaktioneller Bearbeitung: Matthäus in der Verbindung mit der vorangehenden Parabel von den zwei ungleichen Söhnen, Lukas in der Terminologie. Auffallend ist auch, dass Lukas – über den unmittelbaren Kontext hinaus – Jesus ein Summarium über Johannes und Israel (in der dritten Person) sprechen lässt. Es stellt eine Doppelung zu Q 7,31-35 dar, wo das Problem der Ablehnung des Johannes und des Menschensohnes durch diese Generation grundsätzlich thematisiert wird. Lk 7,29f wirkt wie ein Kommentar, durch den Lukas die Rede über Johannes aus Q seinem übergreifenden Erzählzusammenhang zu integrieren sucht.

Das IQP hat 1994 sich mit {D} gegen eine Herkunft aus Q entschieden, 1996 die Frage offen gelassen. PH votierte mit {C} gegen Q. JMR und JSKV entscheiden sich zwar mit {C} für Q, halten aber den Text im Einzelnen für nicht mehr rekonstruierbar.

Q 9,~~61f~~

JSKV entscheidet sich mit {B} für die Zugehörigkeit von Lk 9,61f zu Q.

Q 10,4

Nach dem IQP wird den Jüngern mit {C} die Mitnahme von „Silbergeld“ (ἄργυρον [Mt 10,9] oder ἀργύριον [Lk 9,3]) verboten.

Q 10,7f

Den Wortlaut von Q 10,7 ließ das IQP weitgehend unentschieden; die Forderung „Wechselt nicht von Haus zu Haus“ wird nur mit {D} für Q angenommen. PH führt letztere und den V. 8 mit {C} auf lukanische Redaktion zurück. Da Mt 10,11 „wenn ihr in eine Stadt oder ein Dorf hineingeht ... “ redaktionell geprägt ist (vgl. dazu Mt 10,14a „Haus oder Stadt“), lässt sich seiner Meinung nach der Bezug auf die Stadt nicht sicher als Parallele zu Lk 10,8a werten und auf Q zurückführen. Wie die Apostelgeschichte belegt, hat Lukas ein Interesse daran, die christliche Mission unter dem Aspekt der „Stadtmission“ darzustellen. Er könnte also die Anweisungen zur Hausmission (Q 10,5f) im Blick auf die Stadt ergänzt haben. Die „Stadt“ kommt in Q erst in 10,10 für den Fall der völligen Ablehnung der Boten in den Blick (vgl. auch in Mk 6,10f das unausgeglichene Nebeneinander von Haus und Ortschaft).

Q 10,23
Die Parallele Mt 13,16 nennt neben den „Augen" auch die „Ohren" (entsprechend dem Nebeneinander von Sehen und Hören in Q 10,24). Die Frage ist, ob Lukas zugunsten des Sehens den Q-Text gekürzt hat und in Q parallel zur Seligpreisung der Augen auch eine Seligpreisung der Ohren stand. Das IQP votiert mit „unentscheidbar, JMR und JSKV mit {D} dafür. PH emendiert mit {C} „und die Ohren, die hören, was ihr hört" (καὶ τὰ ὦτα <τὰ> ἀκού<οντα ἃ ἀκούετε>). Einigkeit besteht darüber, dass mit den Begründungssätzen „... weil sie sehen ... weil sie hören" Matthäus die Seligpreisung redaktionell seinem Kontext angepasst hat.

Q 10,24
Das Verlangen der Propheten und Könige (Mt: Gerechten) wird bei Matthäus mit „begehren" (ἐπεθύμησαν), bei Lukas mit „wollen" (ἠθέλησαν) umschrieben. Die *Critical Edition* lässt die Entscheidung offen, das IQP folgt mit {C} Matthäus.

Q 11,18
Lk 11,18b „weil ihr sagt, dass ich mit Beelzebul die Dämonen austreibe" (ὅτι λέγετε ἐν Βεελζεβοὺλ ἐκβάλλειν με τὰ δαιμόνια) wurde vom IQP mit {B} Q zugewiesen. JMR und PH schließen den Satz mit {B}, JSKV mit {C} für Q aus.

Q 11,⟦21f⟧
Da Matthäus und Lukas das Wort vom Starken, das auch in Mk 3,27 überliefert wird, in ihrem Q-Kontext an derselben Stelle bringen, geht die *Critical Edition* mit {C} davon aus, dass es auch in Q stand. Während Mt 12,29 mit Mk 3,27 nahezu übereinstimmt, bietet Lk 11,21f eine eigene Textgestalt, die auf Q oder die lukanische Redaktion zurückgehen kann. Das IQP folgte in seiner Rekonstruktion weitgehend Lukas, in der *Critical Edition* wird auf eine Rekonstruktion verzichtet. Wie die Gegenüberstellung vom „Starken" und „Stärkeren" in der Textparaphrase zeigt, vermuten JMR und JSKV für Q eine eher Lukas nahestehende Textfassung. PH tritt – trotz der Nähe zu Markus – mit {C} für den Matthäustext ein. Da die

Doppelüberlieferungen von Q und Markus auch sonst sich gelegentlich eng berühren, kann dies hier nicht ausgeschlossen werden. Die sprachliche und inhaltliche Ausgestaltung des Bildwortes bei Lukas weist seiner Meinung nach eher auf dessen Redaktion hin.

Q 11,?27f?

JSKV führt mit {C} das Apophthegma Lk 11,27f, die Seligpreisung der Mutter Jesu, auf Q zurück. Das IQP und JMR sind unentschieden. PH schließt Q mit {B} aus. Wenn hier die zwei Volksszenen Q 11,14-26 und 11,16.29-32, in denen sich Jesus mit dem Beelzebulvorwurf und der Zeichenforderung auseinandersetzt, durch den Zwischenruf der Frau unterbrochen werden, entspricht dies dem dramatisierenden Stil des Lukas (vgl. analoge Zwischenszenen bzw. Zwischenrufe Lk 11,45; 12,13-15.41; 14,15; 19,25). Inhaltlich entspricht die Antwort Jesu Lk 8,21 (diff. Mk 3,25, vgl. auch Lk 8,15 diff. Mk 4,20 sowie die Darstellung Marias in Lk 1,38.45).

Q 11,16

Das IQP und JSKV halten die lukanische Position von Q 11,16 zwischen Q 11,15 und Q 11,17 mit {C} für ursprünglich und rekonstruieren daher als Subjekt nicht mit Mt 12,38 „einige" (τινές), sondern mit Lk 11,16 „andere" (ἕτεροι).

Q 11,33

Der Lukastext enthält ein textkritisches Problem, das die Rekonstruktion beeinflusst. Die Lesart „unter den Scheffel" (ὑπὸ τὸν μόδιον) ist in Lk 11,33 textlich nicht gesichert. Im Unterschied zu „Nestle–Aland" (27. Auflage) halten sie die Herausgeber nicht für ursprünglich, sondern führen sie auf den Einfluss der Matthäus- und Markusparallelen zurück (vgl. *Critical Edition*, XCVIII). Lukas nannte hier nur den „verborgenen Platz" (εἰς κρύπτην), Mt 5,15 nur den „Scheffel". Bei der Rekonstruktion ist daher zwischen „unter den Scheffel" und „an einen verborgenen Platz stellen" zu entscheiden. Wäre die Angabe „unter den Scheffel" auch im Lukastext ursprünglich, spräche dies für Q. JMR und JSKV votieren mit {C}, das IQP mit {D} für den Lukas-, PH mit {C} für den Matthäustext.

Ob der Schlusssatz in Q „und es leuchtet allen im Hause" (so Mt 5,15) oder „damit die Hereinkommenden das Licht sehen" (so Lk 11,33) lautete, ist nach dem IQP nicht entscheidbar. Die Herausgeber entscheiden sich gegen Lukas, da dieser dieselbe Wendung auch in Lk 8,16 (diff. Mk 4,21) redaktionell in den Spruch einträgt.

Q 11,⟦~~36~~⟧
JMR und JSKV lehnen die Zugehörigkeit zu Q mit {C}, PH mit {B} ab. Das IQP nahm hier mit {C} einen Q-Text an, hielt ihn aber nicht mehr für sicher rekonstruierbar.

Q 11,42.39b
Die *Critical Edition* folgt hier der Reihenfolge der Weherufe in Mt 23,23.25. Lukas hat offensichtlich die Kritik an der Reinheitspraxis der Pharisäer vorangestellt, weil diese bei ihm auch das Thema der vorangehenden Szene ist: Der pharisäische Gastgeber „wundert" sich, dass sich Jesus vor dem Essen nicht die Hände wäscht.

Q 11,42
In Q 11,42c folgen JMR und JSKV mit {C}, PH mit {B} Mt 23,23 „außer Acht lassen" (ἀφήκατε), das IQP dagegen mit {B} Lk 11,42 „übergehen/vernachlässigen" (παρέρχεσθε). Für Matthäus „Barmherzigkeit und Treue" votiert JSKV nur mit {C}, das IQP folgt hier wiederum mit {B} Lukas: „(das Recht und) die Liebe Gottes" (τὴν ἀγάπην τοῦ θεοῦ). In V. 42d folgen JSKV mit {C} und das IQP mit {B} Lukas „unterlassen/vernachlässigen" (παρεῖναι), JMR und PH mit {C} Matthäus „außer Acht lassen" (ἀφιέναι). Der von der *Critical Edition* abweichende IQP-Text wäre also zu übersetzen: „... und ihr übergeht das Recht und die Liebe Gottes. Dies aber wäre zu tun und jenes nicht zu unterlassen".

Q 11,⟦~~40~~⟧
JMR und PH verneinen die Zugehörigkeit von 11,40 zu Q mit {C}, JSKV bejaht sie mit {D}, das IQP mit {B}: „Ihr Unvernünftigen, hat nicht der, der die Außenseite schuf, auch die Innenseite geschaffen?" (ἄφρονες, οὐχ ὁ ποιήσας τὸ ἔξωθεν καὶ τὸ ἔσωθεν ἐποίησεν;).

Q 11,46-52
JSKV nimmt mit {B} die lukanische Abfolge der Weherufe (11,46b. 47-51.52) für Q an, JMR und PH folgen Mt 23,29-36 und halten den Weheruf gegen die Erbauer der Prophetengräber Q 11,47f mit dem

Drohwort der Weisheit gegen diese Generation Q 11,49-51 für den Abschluss der Kompositionseinheit in Q. Für Q 11,52 postulieren sie eine Position nach Q 11,46b. Lukas habe diesen die Gesetzeslehrer in ihrer spezifischen Funktion als Vermittler des Willens Gottes disqualifizierenden Vorwurf – nach seiner Version haben sie den „Schlüssel zur Erkenntnis (des Heilswillens Gottes) weggenommen" – bewusst an das Ende gestellt. So erreicht er auch, dass die aggressive Reaktion der Pharisäer und Schriftgelehrten in der abschließenden Rahmenangabe plausibel wird (vgl. den redaktionellen Einschub 11,45).

Q 11,46b
Lk 11,46 spricht von „unerträglichen (Lasten)" (δυσβάστακτα), die Parallele Mt 23,4 nach einigen Handschriften von „schweren und unerträglichen (Lasten)" (βαρέα καὶ δυσβάστακτα, vgl. „Nestle-Aland" 27. Aufl.). Da aber die Zugehörigkeit von καὶ δυσβάστακτα zum Matthäustext textkritisch unsicher ist (vgl. *Critical Edition*, XCIX), hielten die Herausgeber eine Rekonstruktion des Q-Textes hier nicht für möglich. Stand καὶ δυσβάστακτα ursprünglich im Matthäustext, dann ist aufgrund der Parallelität mit Lk 11,46b zu vermuten, dass es bereits auch in Q stand (so das IQP mit {B}).

Q 11,52
Das IQP folgte in der Rekonstruktion des Weherufes mit {C} vorwiegend Lukas, ließ ihn aber (beeinflusst von der stereotypen Anrede bei Matthäus „Wehe euch, Schriftgelehrte und Pharisäer") gegen Pharisäer gerichtet sein: „(Wehe euch, den) Pharisäern, denn ihr habt den Schlüssel der Erkenntnis weggenommen ... " (... Φαρισαίοις, ὅτι ἤρατε τὴν κλεῖδα τῆς γνώσεως). JMR und JSKV folgen hier mit {C}, PH mit {B} Mt 23,13: „... ihr verschließt das Königreich <Gottes> vor den Menschen".

Q 11,48
Das IQP orientiert sich stärker an Lukas und rekonstruiert: „Also seid ihr Zeugen und ... eurer Väter, denn sie haben sie zwar getötet, ihr aber baut" (ἄρα μαρτυρές ἐστε καὶ ... τῶν πατέρων ὑμῶν, ὅτι αὐτοὶ μὲν ἀπέκτειναν αὐτούς, ὑμεῖς δὲ οἰκοδομεῖτε).

Q 11,49
Während das IQP als Boten der Weisheit neben den „Propheten" mit {B} auch die „Apostel" aus Lk 11,49 für Q übernahm, rekonstruieren JMR, JSKV und PH mit Mt 23,34: „Propheten und Weise". Die dort noch genannten „Schriftgelehrten" werden als redaktioneller Zusatz des Matthäus beurteilt.

Q 12,3
Bei der Rekonstruktion von Q 12,3 folgen JMR und JSKV mit {B} Mt 10,27, PH dagegen Lk 12,3: „Was ihr im Dunkeln gesagt habt, wird im Licht gehört werden, und was ihr ins Ohr geredet habt, wird auf den Dächern verkündet werden" (ὅσα ἐν τῇ σκοτίᾳ εἴπατε ἐν τῷ φωτὶ ἀκουσθήσεται, καὶ ὃ πρὸς τὸ οὖς ἐλαλήσατε κηρυχθήσεται ἐπὶ τῶν δωμάτων).

Q 12,5
JSKV und das IQP bevorzugen mit {D} zum Teil Lk 12,5: „(fürchtet) den, der nach dem Töten die Macht hat, in die Gehenna zu werfen" (... τὸν μετὰ τὸ ἀποκτεῖναι ἔχοντα ἐξουσίαν ἐμβαλεῖν εἰς ... γέενναν), JMR und PH dagegen mit {B} Mt 10,28b.

Q 12,6
IQP und JSKV folgen in der Gottesbezeichnung Lk 12,6 „(ohne) Gott" (τοῦ θεοῦ), JMR und PH Mt 10,26 „(ohne) euren Vater".

Q 12,8f
In der Forschung ist vor allem das Subjekt der jeweils zweiten Hälfte der beiden Sprüche umstritten. In dem sog. Bekennerspruch Q 12,8 wird von der Mehrheit der Forscher mit Lukas der „Menschensohn" für ursprünglich gehalten und dann auch häufig im Verleugnerspruch Q 12,9 „Menschensohn" emendiert (vgl. Mk 8,38). Daneben wird aber auch das „Ich werde mich zu ihm bekennen" bzw. „Ich werde ihn verleugnen" von Mt 10,32.33 oder eine allgemeine Aussage „man wird sich zu ihm bekennen" für möglich gehalten, entsprechend dem Passiv „er wird verleugnet werden" in Lk 12,9. Das IQP entscheidet sich mit {D}, JMR und JSKV mit {C} für den Menschensohn in 12,8 und das Passiv in 12,9. PH entscheidet sich in Q 12,8 und 9 mit {C} für das „Ich" von Mt 10,32f. Er führt den Menschensohn in Lk 12,8 auf lukanische Redaktion zurück. Lukas

habe den Spruch im Blick auf die Stephanusszene (Apg 7,56) umgestaltet und hier den Menschensohn als den Anwalt seiner verfolgten Jünger eingeführt.

Konsens besteht darin, dass die Szene in Q „vor den Engeln" als dem eschatologischen Gerichtsforum lokalisiert war. Das matthäische „vor meinem Vater in den Himmeln" gilt allgemein als redaktionell. Umstritten ist jedoch, ob in Q – wie in Lk 12,8f – von den „(Engeln) Gottes" – die Rede war oder ob es sich hier um eine lukanische Präzisierung handelt. Das IQP und PH halten die Frage für nicht entscheidbar, JMR entscheidet sich mit {D}, JSKV mit {C} für Q. Zur Diskussion der Varianten vgl. Hoffmann u.a., Q 12:8-12 (Documenta Q), 1-425.

Q 12,10
Das IQP rekonstruiert unter dem Einfluss von Lk 12,10b in der zweiten Spruchhälfte „(wer aber gegen den heiligen Geist) lästert" (βλασφημήσῃ), die *Critical Edition* folgt hier Mt 12,32b. Lukas dürfte hier von der Parallele in Mk 3,29 beeinflusst sein. Er verwendet das Verb auch in Apg 13,45; 18,6, um die Ablehnung der christlichen Verkündigung zu charakterisieren.

Q 12,11f
Das IQP beurteilt die Zugehörigkeit des Spruches zu Q wegen der Nähe von Mt 10,19a zu Mk 13,11a nur mit {C}. In 12,11a „(Wenn sie euch vor die Synagogengerichte) bringen" folgt PH mit {C} Mt 10,19 „(wenn sie euch ...) ausliefern" (παραδῶσιν).

Q 12,~~13f~~
JSKV entscheidet sich mit {C} für die Zugehörigkeit von Lk 12,13f zu Q. Sie wird dagegen vom IQP mit {C}, von JMR und PH mit {B} ausgeschlossen.

Q 12,⟦~~16-20~~⟧
JSKV entscheidet sich mit {C} für die Zugehörigkeit von Lk 12,16-20 zu Q. Das IQP und JMR schließen sie mit {C}, PH mit {B} aus.

Q 12,33f
Die Position des Doppelspruchs in Q ist umstritten. Stand er in Q wie bei Matthäus vor den Sorgensprüchen (Mt 6,19f.25-33) oder wie bei Lukas nach den Sorgensprüchen (Lk 12,22b-31.33f)? Das IQP

hielt die Frage für nicht entscheidbar, JMR und PH entscheiden sich für die matthäische, JSKV mit {C} für die lukanische Reihenfolge. Durch die Voranstellung wird der Anschluss von Q 12,22b-31: „Daher sage ich euch ... " stimmiger, nach Q 12,11f ist er kaum verständlich. Lukas hat den Spruch wegen der von ihm eingefügten Szene 12,13-20 an das Ende der Komposition – als abschließende Mahnung zum Almosengeben – gestellt. Der redaktionelle Überleitungsvers 12,21: „So (geht es dem,) der für sich Schätze sammelt und nicht bei Gott reich ist" erinnert noch an die ursprüngliche Position von 12,33f vor 12,22.

Q 12,24
Statt des lukanischen „beobachtet (die Raben)" in der *Critical Edition* entscheiden sich das IQP und PH mit {C} für Mt 6,26 „schauet auf ... " (ἐμβλέψατε εἰς ...).

Q 12,27a
Das IQP hält die Frage für nicht entscheidbar, ob Q hier – wie Lukas parallel zu Lk 12,24 – „beobachtet" (κατανοήσατε) oder wie Mt 6,28b „lernt" (καταμάθετε) schrieb. Die Herausgeber folgen Matthäus.

Im folgenden Wie-Satz übernehmen JMR und JSKV im Prädikat den Singular des Lukas, der bei dem neutrischen Plural „Lilien" (τὰ κρίνα) grammatisch korrekter ist. Das IQP und PH entscheiden sich mit {B} für den Plural von Mt 6,28 (αὐξάνουσιν ... κοπιῶσιν ... νήθουσιν), da sie den Singular als lukanische Korrektur beurteilen.

Q 12,30f
Das IQP hält mit {B} in V. 30b „alles" (ἁπάντων) und in V. 31 „zuerst ... alles" (πρῶτον ... πάντα) für redaktionelle Zusätze des Matthäus (vgl. Mt 6,33).

Q 12,45
Statt der „Mitsklaven" (so Mt 24,49) rekonstruiert JSKV mit {C} nach Lk 12,45 „Knechte und Mägde" (παῖδας καὶ παιδίσκας). Das IQP bleibt unentschieden. In der Beschreibung des ausschweifenden Lebens jenes Sklaven folgen das IQP und JSKV mit {C} Lk 12,45 „(und beginnt) ... zu essen und zu trinken und sich zu berauschen"

(ἐσθίειν ... καὶ πίνειν καὶ μεθύσκεσθαι), JMR und PH mit {C} Mt 24,49.

Q 12,⟦49⟧
Die Zugehörigkeit des Feuerspruches zu Q wird vom IQP mit {D}, von PH mit {B} abgelehnt. Zur Diskussion vgl. Garsky u.a., Q 12:49-59 (Documenta Q), 22-35.

Q 12,51
Während das IQP für nicht entscheidbar votiert, entscheiden sich JMR und JSKV mit {C} für Lk 12,51 δοκεῖτε, PH mit {B} für Mt 10,34 νομίσητε. Die Übersetzung mit „meinen, glauben" entspricht beiden.

Q 12,53
JSKV folgt hier mit {C} Lk 12,53, wo – im Unterschied zu Mt 10,35 – vor der negativen Beziehung der jüngeren zur älteren Generation jeweils noch die negative Beziehung der älteren zur jüngeren Generation genannt wird: „... der Vater gegen den Sohn und ... die Mutter gegen die Tochter und ... die Schwiegermutter gegen die Schwiegertochter und ..." (... πατὴρ ἐπὶ υἱῷ καὶ ... μήτηρ ἐπὶ τὴν θυγατέρα καὶ ... πενθερὰ ἐπὶ τὴν νύμφην καὶ ...). JMR und PH lehnen dies mit {B} ab. Beide Überlieferungen beschreiben das Gegeneinander mit unterschiedlichen Präpositionen. Das IQP und JMR votieren mit {B} für das lukanische ἐπί, JSKV und PH mit {C} für das matthäische κατά (vgl. dazu Lk 11,17f; 12,52, wo Lukas auch redaktionell διαμερίζω ἐπί konstruiert).

Q 12,⟦54-56⟧
Textkritisch ist die Zugehörigkeit von Mt 16,2f zum Matthäustext umstritten. Das IQP und die *Critical Edition* entscheiden sich mit {C} für die Zugehörigkeit zu Matthäus (vgl. *Critical Edition*, CIIf) und zu Q.

Das IQP, JMR und PH folgen in der Textrekonstruktion im Wesentlichen Mt 16,2-3a, JSKV mit {C} Lk 12,54f: „[54] Wenn ihr Gewölk im Westen aufsteigen seht, (... sagt ihr:) Es kommt Regen, und es geschieht so. [55] Und wenn ihr den Südwind wehen «seht», (sagt ihr:) Es wird Hitze sein, und es geschieht" ([54] ὅταν ἴδητε τὴν νεφέλην ἀνατέλλουσαν ἐπὶ δυσμῶν ... ὄμβρος ἔρχεται, καὶ γίνεται οὕτως· [55] καὶ ὅταν νότον πνέοντα, ... καύσων ἔσται, καὶ γίνεται). Er übernimmt in V. 56a auch das lukanische „(das Angesicht) der Erde und (des Himmels)" (τῆς γῆς καί). Zur Begründung der Entscheidung für Matthäus vgl. Garsky u.a., Q 12:49-59 (Documenta Q), 228-234, vor allem die Ausführungen von T. Hieke.

Q 13,19

Das IQP sowie JMR und JSKV bevorzugen mit {B} als Ortsangabe den in Lk 13,19 genannten „Garten" (εἰς κῆπον), PH mit {C} den in Mt 13,31 genannten „Acker". Da er im Verb aber auch Lukas folgt, emendiert er „und warf ihn auf seinen Acker (ἔβαλεν εἰς <τὸν> ἀγρ<ὸν> αὐτοῦ).

Q 13,24-27.29.28

Die Rekonstruktion des Q-Textes ist dadurch erschwert, dass die möglichen Parallelen zu Lk 13,24-29 sich bei Matthäus in sehr unterschiedlichen Kontexten befinden. Den Türspruch Q 13,24 bringt Matthäus in der Bergpredigt (Mt 7,13f), erweitert um das Zwei-Wege-Motiv. Lk 13,25 hat möglicherweise eine Parallele im Schlussteil der Parabel von den klugen und törichten Jungfrauen Mt 25,10-12: „Während sie aber weggingen, um (Öl) zu kaufen, kam der Bräutigam und die, die bereit waren, gingen mit ihm zum Hochzeitsmahl hinein, und die Tür wurde geschlossen. Später kamen auch die übrigen Jungfrauen und sprachen: Herr, Herr, öffne uns. Er aber antwortete und sagte: Amen ich sage euch, ich kenne euch nicht". Den zweiten Teil des Dialogs der Ausgeschlossenen mit dem Hausherrn Q 13,26 hat Matthäus in einer stark überarbeiteten Fassung in den Schlussteil der Bergpredigt übernommen (Mt 7,22f). Richtete sich Q aber, wie Lk 13,26 zeigt, gegen Jesu Zeitgenossen, so Matthäus gegen christliche Falschpropheten. Ebenso hat Matthäus den Spruch Q 13,29.28 in die Perikope vom Zenturio eingefügt (Mt 8,11f). Lukas hat allerdings in 13,28f die zwei Spruchhälften umgestellt, um den Spruch mit der vorangehenden Szene enger zu verbinden. Das IQP und die Herausgeber sind sich darin einig, dass Q 13,24-27 in Q zusammengehörten und dort mit Q 13,29.28 verbunden waren.

Zur Rekonstruktion im Einzelnen: Unsicher ist vor allem der Wortlaut des Schlusssatzes 13,24c. Konsens besteht darin, dass der Schluss bei Lukas „(und) werden es nicht vermögen“ (καὶ οὐκ ἰσχύσουσιν) redaktionell ist. Das IQP folgte mit {D} Mt 7,14 mit einer Emendation „(und wenige) finden sie“ (εὑρ<ήσουσιν> αὐτήν). JSKV und PH übernehmen diesen Vorschlag nicht, da das Verb „finden“ durch den redaktionellen Kontext des Matthäus bedingt zu sein scheint. Worauf sich das Pronomen αὐτήν bei Matthäus bezieht: Tor, Weg oder Leben, ist unsicher. Im Q-Spruch geht es nicht um das „Finden“ der Tür, sondern um das „Eintreten“. Daher vermuten sie eher eine Reminiszenz an Q in Mt 7,13c „(und viele) sind es, die durch es (das Tor) eintreten“ (εἰσὶν οἱ εἰσερχόμενοι δι' αὐτῆς) und emendieren dementsprechend „(wenige) sind es, die durch sie (die Tür) eintreten“. JMR hält den Text für nicht mehr rekonstruierbar.

PH problematisiert wegen der unsicheren Matthäusparallele die Zugehörigkeit von V. 25 zu Q überhaupt (nur mit {C}). Auch das IQP ist bei der Rekonstruktion vorsichtiger als die *Critical Edition.* In V. 25a-c werden mit {C} nur die Elemente „wenn der Hausherr ... die Tür verschlossen hat und ihr anfangen werdet ... zu klopfen und zu sagen“ Q zugewiesen, die übrigen dagegen nur mit {D}. In V. 27b übernimmt das IQP aus Lk 13,27 „Weicht von mir ..“ (ἀπόστητε ...) nur mit {D}. JMR bevorzugt mit {C} Mt 7,23: „Geht weg ... “ (ἀποχωρεῖτε). Auch in der Anrede der Abgewiesenen folgt das IQP Mt 7,23 nur mit {D} und nicht wie die *Critical Edition* mit {B}.

Q 13,28

Nach Mt 8,12 werden die „Söhne der Basileia“ (οἱ δὲ υἱοὶ τῆς βασιλείας) von dem Festmahl im Reich Gottes ausgeschlossen und „in die äußerste Finsternis hinausgeworfen“, nach Lk 13,28 dagegen bleiben die in 13,25-27 angesprochenen Zeitgenossen Jesu die direkten Adressaten der Drohung: „Dort wird Weinen und Zähneklappern sein, wenn ihr Abraham und Isaak und Jakob und alle Propheten im Königreich Gottes, euch selbst aber hinausgeworfen seht“ (ὑμᾶς δὲ ἐκβαλομένους). Die *Critical Edition* folgt zwar in der Textrekonstruktion weitgehend Mt 8,12, emendiert aber die Anrede in der zweiten Person mit {C}. PH übernimmt dagegen aus Mt 8,12 mit {C} auch die „Söhne der Basileia". Umstritten ist auch die Ortsangabe. Nach Lk 13,28 sind sie „hinaus/nach draußen" (ἔξω) geworfen, nach Mt 8,12 werden sie „in die äußerste Finsternis" (εἰς τὸ σκότος τὸ ἐξώτερον) geworfen. Das IQP folgt mit {B}, JSKV mit {C} Lukas, PH mit {B}, JMR mit {C} Matthäus.

Q 13,⟦30⟧
PH hält die Frage der Zugehörigkeit des Wanderspruchs von den Ersten und Letzten zu Q und seiner Position in Q für nicht entscheidbar. Die *Critical Edition* entscheidet für Q mit {C}. Die lukanische Position wird vom IQP mit {B}, von JMR und JSKV mit {C} für Q angenommen.

Q 13,34f
Die Position des Jerusalemwortes in Q ist in der Forschung umstritten. Lukas verbindet es mit einer eigenen Szene, in der die Pharisäer Jesus vor Herodes warnen und dieser programmatisch antwortet, dass es nicht angeht, dass „ein Prophet außerhalb Jerusalems zugrunde geht" (Lk 13,31-33). Insofern markiert es einen zentralen Punkt innerhalb der lukanischen Darstellung des Weges Jesu nach Jerusalem (vgl. 9,51 — 13,22.31-35 — 17,11 — 19,11). Es fügt sich aber durchaus auch der Spruchfolge von Q zwischen Q 13,24-30 und Q 14,11.16-23 ein, in der die Ablehnung Jesu durch seine Zeitgenossen thematisiert wird. Matthäus stellt das Jerusalemwort an das Ende der Pharisäerrede (Mt 23,37-39) und verbindet es mit dem Drohwort der Weisheit gegen diese Generation (Q 11,49-51), das er in ein Jesus-Wort abändert (Mt 23,34-36). Bei ihm markiert es das Ende der Auseinandersetzungen Jesu mit der Jerusalemer Führungselite. Die Ankündigung „*Von nun an* werdet ihr mich nicht mehr sehen ..." (Mt 23,39) setzt Jesus sofort in die Tat um. Er verlässt den Tempel und kündigt den Jüngern dessen Zerstörung an (Mt 24,1f).

Das IQP, JSKV und PH folgen in der Positionsbestimmung Lukas, JMR mit {B} Matthäus. Aufgrund der thematischen Nähe von Q 13,34f und Q 11,49-51 postuliert er auch deren literarische Zusammengehörigkeit.

Q 14,⟦11⟧
Das IQP bejaht die Zugehörigkeit zu Q mit {B}, die *Critical Edition* mit {C}. IQP und Herausgeber entscheiden sich mit {C} für die lukanische Position zwischen Q 13,35 und Q 14,16-23.

Q 14,16-23
Der synoptische Vergleich der Matthäus- und Lukasfassung der Parabel (Mt 22,1-14; Lk 14,16-24) zeigt erhebliche Divergenzen zwischen den beiden Überlieferungen, sodass von verschiedenen Autoren deren Herkunft aus Q überhaupt in Frage gestellt wird.

Matthäus ordnet die Parabel in Jesu Auseinandersetzung mit der Jerusalemer Führungselite ein (21,22-45) und charakterisiert sie ausdrücklich als Gleichnis vom Reich der Himmel (22,1). Es geht um ein Hochzeitsmahl, das ein König für seinen Sohn ausrichtet. Die Eingeladenen werden zweimal (!) durch Sklaven (Plural) des Königs zum Kommen aufgefordert. Diese weigern sich nicht nur, sondern einige von ihnen misshandeln und töten die Boten. Entsprechend drastisch fällt die Reaktion des Königs aus. Er sendet sein Heer aus und lässt die Mörder umbringen und ihre Stadt zerstören (Mt 22,7). Weil die Geladenen nicht würdig waren, sendet er seine Sklaven an die Ausgangspunkte der Straßen, damit sie alle einladen, die sie finden. Diese sammeln alle, „Böse und Gute" (22,10). Dem schließt sich der überraschende Schlussteil an. Der König betritt den gefüllten Hochzeitssaal, entdeckt einen Gast ohne hochzeitliches Gewand und lässt ihn von seinen Dienern hinauswerfen (22,11-13). Mit dem Spruch 22,14 „Viele sind berufen, wenige aber auserwählt" wird das Fazit aus der Geschichte gezogen.

Bei Lukas erzählt Jesus die Parabel im Rahmen eines Gastmahls bei einem Führer der Pharisäer (14,1-24). Unmittelbar davor preist einer der Anwesenden den selig, der im Reich Gottes das Brot essen, also am endzeitlichen Mahl teilnehmen darf (14,15). Darauf reagiert Jesus mit der Geschichte von einem Gastmahl, zu dem ein Mensch viele eingeladen hat. Zur Stunde des Gastmahls sendet er einen Sklaven (Singular) aus, um die Geladenen zu Tisch zu bitten. Alle Geladenen beginnen sich zu entschuldigen. Drei von ihnen kommen zu Worte und nennen die Gründe für ihr Fernbleiben. Auch hier erzürnt der Hausherr. Er sendet seinen Sklaven in die Straßen und Gassen der Stadt, um Arme und Kranke hereinzuholen (14,21). Und da immer noch Platz ist, wird der Sklave ein zweites Mal ausgesandt, nun auf die Landstraßen und an den Stadtrand, um die Leute dort zum Kommen zu nötigen, damit sein Haus voll werde. Mit diesem Auftrag bricht die Geschichte ab. Open end! In dem abschließenden Drohwort spricht nicht mehr der Hausherr, sondern Jesus selbst – das Thema von 14,15 aufnehmend – zu den Anwesenden: „Denn ich sage euch: Keiner von jenen Männern, die geladen waren, wird von meinem Mahl kosten" (Es geht um die eschatologische Tischgemeinschaft mit Jesus, vgl. Lk 22,16.18.30).

Trotz der Divergenzen entscheiden sich das IQP mit {C}, die Herausgeber mit {B} für die Herkunft aus Q. Die Unterschiede lassen sich zum größten Teil aus den spezifischen Interessen der beiden Evangelisten erklären. Die ursprüngliche Struktur ist noch erkennbar und wird durch die Überlieferung des Thomasevangeliums bestätigt, das seinerseits auch Spuren redaktioneller Bearbeitung zeigt.

Matthäus hat die Parabel unter dem Einfluss seines weiteren Kontextes (zum Sohn-Motiv und zur zweifachen Sendung der Sklaven und deren Tötung vgl. die Parabel von den bösen Winzern Mt 21,34-36.37) allegorisierend auf die Ablehnung Jesu und seiner Boten bezogen, als deren Folge er die Zerstörung Jerusalems ansieht (vgl. 23,34–24,2). Der merkwürdige Schlussteil nimmt kritisch die Kirche als corpus permixtum in den Blick, wo Böse und Gute sich zusammenfinden, und sucht der Jüngerschaft die Verantwortung deutlich zu machen, in der auch sie steht (vgl. Mt 13,40.48; 24,10-12).

Auch Lukas bindet die Parabel seinem Kontext ein (vgl. den Rückbezug von Lk 14,21 auf 14,13 oder die Rahmung Lk 14,15.24). Die ausführlichere Darlegung der Gründe für die Ablehnung der Einladung könnte durch sein Interesse bedingt sein, anschaulich zu machen, wie das Heil durch die Verwicklung in weltliche Geschäfte gefährdet ist (vgl. dazu in Lk 8,14 die Trias „Sorgen, Reichtum, Freuden des Lebens" oder die Szene Lk 12,13-15.16-21). Wenn er an dritter Stelle auch noch die Vermählung als Grund für die Verweigerung nennt, korrespondiert dies Lk 14,26, wo er redaktionell neben dem „Hassen" von Eltern und Kindern als Bedingung der Nachfolge (so Q) auch die Ehefrau aufführt. Mit der doppelten Einladung im zweiten Teil der Parabel, zunächst an die Armen etc. in der Stadt und dann an Menschen außerhalb der Stadt, hat er offensichtlich die Ausweitung der christlichen Mission über Israel hinaus in die Heidenwelt im Blick.

Nach Abzug der redaktionellen Elemente bleibt als ursprüngliche Struktur: Die Veranstaltung eines Gastmahls – die Sendung eines Sklaven zur Stunde des Mahles, um die Geladenen zum Kommen aufzufordern – deren Verweigerung – der Zorn des Hausherrn über die Ablehnung – die erneute Aussendung des Sklaven, nun auf die Straßen, um alle einzuladen, die er dort findet.

Angesichts dieses komplexen Überlieferungsbefundes wundert es nicht, dass die Rekonstruktion auch im Detail umstritten ist. Für Q 14,16 postulierte das IQP mit {C} eine knappe Redeeinleitung „(und) er sagte ihnen" (εἶπεν αὐτοῖς) und übernahm aus Mt 22,2 die Qualifikation als Basileia-Gleichnis: „Die Basileia Gottes < > einem Menschen, der ein großes Gastmahl veranstaltete" (< > ἡ βασιλεία τοῦ θεοῦ ἀνθρώπῳ ὅστις ἐποίει δεῖπνον μέγα). PH schließt in Q 14,16 die nähere Bestimmung des Gastmahls als ein „großes" und den Schlusssatz „und lud viele ein" mit {C} für Q aus. In Q 14,17 ließ das IQP offen, ob die lukanische Zeitangabe „in der Stunde des Mahles" auch in Q stand. In Q 14,18-20 bevorzugt das IQP mit {D}, JSKV mit {B} den Lukastext. JMR hält abgesehen von der Erwähnung des Ackers den Q-Text für nicht rekonstruierbar. PH folgt in Q 14,18f mit {C} Mt 22,5 „Sie aber kümmerten sich nicht darum und gingen weg, der auf seinen Acker, der zu seinem Geschäft" (οἱ δὲ ἀμελήσαντες ἀπῆλθον, ὃς μὲν εἰς τὸν ἴδιον ἀγρόν, ὃς δὲ ἐπὶ τὴν ἐμπορίαν αὐτοῦ). Die Zugehörigkeit von Lk 14,20 sowie auch von Lk 14,21a zu Q schließt er mit {C} aus. In Q 14,23 folgt die *Critical Edition* Lukas: Die Geschichte endet mit der Aufforderung des Hausherrn, auf die Wege hinauszugehen. Das IQP übernimmt aus Mt 22,10a mit {C} auch die Ausführung des Befehls: „Und der Sklave ging hinaus auf die Wege und brachte alle zusammen, die er fand, und das Haus wurde voll" (καὶ ἐξελθ<ὼν> ὁ<> δοῦλο<ς> εἰς τὰς ὁδοὺς συνήγαγ<ε>ν πάντας οὓς εὗρ<εν>· καὶ <ἐ>γεμίσθη ὁ οἶκος <..>). PH übernimmt in 14,23 mit {C} aus Mt 22,9: „(Gehe hinaus) an die Ausgangspunkte (der Straßen)" (ἐπὶ τὰς διεξόδους τῶν ὁδῶν), d.h. an die Stellen, wo die Ortsstraßen in die offene Landschaft übergehen.

Q 17,33

JMR wertet die Zugehörigkeit von 17,33 zu Q nur mit {C}.

Q 14,34f
Das IQP folgte der lukanischen Position des Spruches mit {A}, die Herausgeber übernehmen sie für Q mit {C}. In 14,35a folgt PH nicht Lukas, sondern mit {C} Mt 5,13b „es (das Salz) taugt zu nichts“ (εἰς οὐδὲν ἰσχύει).

Q 16,13
Das IQP, JSKV, PH ordnen entsprechend der lukanischen Spruchfolge Q 16,13 mit {C} zwischen Q 14,35 und Q 16,16 ein. JMR lässt die Entscheidung offen.

Q 16,16
Position und Struktur von Q 16,16 sind in der Forschung umstritten. Matthäus bringt den Spruch in der Rede Jesu über Johannes den Täufer (11,12f), also nach Q 7,28, Lukas zwischen Lk 16,13(-15) und 16,17. JSKV und PH entscheiden sich mit {C} für die Position des Lukas, also nach Q 16,13 und vor Q 16,17. Das IQP und JMR halten die Frage für nicht entscheidbar. Ebenso ist die Struktur des Spruches umstritten. Lukas bringt in der ersten Hälfte die Aussage über Gesetz und Propheten, in der zweiten die über die Basileia. Bei Matthäus ist die Abfolge umgekehrt. Das IQP folgte mit {C}, JMR und PH folgen mit {B} Lukas, JSKV mit {B} Matthäus und stellt dann auch wie dieser die Propheten voran: „Propheten und Gesetz ... “.

Q 16,17
Die lukanische Position des Spruches zwischen Lk 16,16 und 16,18 wurde vom IQP mit {C}, von JMR und PH mit {B}, von JSKV mit {A} auch für Q angenommen. In der Rekonstruktion des Spruchs folgen das IQP mit {B}, JMR und JSKV mit {C} der Struktur von Lk 16,17 („Es ist leichter, dass ... als dass ... “). Gegen die Entscheidung des IQP übernehmen beide aber mit {C} aus Mt 5,18 die Wendung „ein Jota oder (ein Häkchen)“ und entscheiden sich für das lukanische „fallen“ (πεσεῖν) gegen das matthäische „vergehen“. Das IQP blieb in der Wahl des Verbs unentschieden. PH votiert mit {C} für Mt 5,18b.c: „Bis Himmel und Erde vergehen, wird kein Jota oder Häkchen vom Gesetz vergehen“ (ἕως ἂν παρέλθῃ ὁ οὐρανὸς καὶ ἡ γῆ ἰῶτα ἓν ἢ μία κεραία οὐ μὴ παρέλθῃ ἀπὸ τοῦ νόμου). Für Lukas spricht, dass die matthäische Fassung von Mt 24,34f par.

Mk 13,30f beeinflusst sein kann, für Matthäus, dass Lukas gerade eine solche Entsprechung vermeiden wollte und seine Fassung als die elegantere eine stilistische Verbesserung darstellt.

Q 16,18
Die lukanische Position des Spruches nach Lk 16,17 wurde vom IQP zunächst mit {B}, nach einer erneuten Diskussion mit {C}, von den Herausgebern mit {B} auch für Q angenommen. Alle folgen bei der Rekonstruktion des Q-Textes im Wesentlichen Lk 16,18 und nicht Mt 5,32. Das IQP schloss dabei die Wendung „und eine andere heiratet" mit {C} für Q aus, da Lukas hierin möglicherweise von Mk 10,11 beeinflusst war.

Q 17,2
Lk 17,2 und Mt 18,6 unterscheiden sich vor allem in der Struktur. Lukas konstruiert „Es wäre vorteilhafter für ihn, wenn ... als dass er ... Ärgernis gibt", Matthäus beginnt – wie Mk 9,42 – mit einem Relativsatz: „Wer einem ... Ärgernis gibt, besser wäre es für ihn, dass er ... ". Das IQP entscheidet sich mit {A}, JMR und JSKV mit {C} für den Lukastext. PH übernimmt mit {B} die Struktur und mit {C} zum Teil auch den Text des Matthäus (mit zwei von Mk 9,42 beeinflussten Emendationen): „Wer aber einen dieser Kleinen verführt, für den wäre es gut, wenn ein Eselsmühlstein um seinen Hals gelegt und er in das Meer geworfen worden wäre" (ὃς δ᾽ ἂν σκανδαλίσῃ ἕνα τῶν μικρῶν τούτων <καλόν ἐστιν> αὐτῷ εἰ μύλος ὀνικὸς περίκειται περὶ τὸν τράχηλον αὐτοῦ καὶ <βέβληται> εἰς τὴν θάλασσαν).

Q 15,4-5a.7
Die Position des Gleichnisses vom (verlorenen oder verirrten?) Schaf in Q ist umstritten. Lukas bringt es in Verbindung mit den Parabeln von der verlorenen Drachme und vom verlorenen Sohn in Kap. 15 als Antwort Jesu auf den Vorwurf der Pharisäer und Schriftgelehrten, dass er mit Sündern Gemeinschaft hat. Dem entspräche in Q eine Position nach Q 14,35 vor Q 16,13. Matthäus bringt das Gleichnis im Zusammenhang seiner Gemeinderede in 18,12-14, um der Gemeinde ihre Fürsorgepflicht für die gefährdeten „Kleinen" einzuschärfen. Dem entspräche in Q eine Position nach Q 17,1f und vor Q 17,3. Das IQP und JSKV entscheiden sich mit

{D} bzw. {C} für die lukanische, JMR und PH mit {C} für die matthäische Position. Unsicher ist die Konstruktion des Einleitungssatzes (Partizip ἔχων wie Lukas oder die Emendation eines Relativsatzes <ὅς> ἔχ<ει>?). Umstritten ist, ob von einem *verlorenen* Schaf, wie bei Lukas, oder einem *verirrten* Schaf, wie bei Matthäus, in Q die Rede war. Das IQP votiert mit {C}, JSKV mit {B} für Lukas (ἀπολέσας ... ἀπολωλός), PH mit {C} für Matthäus (πλανηθῇ ... πλανώμενον), JMR hält die Frage für nicht entscheidbar.

Q 15,⟦8-10⟧
Die Zugehörigkeit des Gleichnisses von der verlorenen Drachme zu Q, das nur von Lukas überliefert wird, wurde vom IQP zunächst mit {D} verneint, nach erneuter Diskussion mit {D} bejaht. PH lehnt sie mit {C} ab. JMR bejaht sie mit {C}. JSKV bejaht die Zugehörigkeit von Lk 15,8f zu Q mit {B}, die von V. 10 mit {C}. Der ursprüngliche Wortlaut bleibt für ihn aber unsicher, da Lukas den Text redigiert hat.

Q 17,3f
Die nähere Bestimmung des Sündigens durch „gegen dich" (so Mt 18,15), die in Lk 17,3 fehlt, wird vom IQP und JSKV mit {B} für Q abgelehnt. In der zweiten Spruchhälfte folgen das IQP und PH nicht Lukas („wenn er umkehrt"), sondern mit {C} Mt 18,15 „wenn er auf dich hört" (σου ἀκούσῃ).

Q 17,⟦20f⟧
Die Formatierung von Q 17,21 in der *Critical Edition* ist missverständlich, da Lk 17,21 mit Mt 24,23 parallelisiert und in den einzelnen Varianten miteinander verglichen wird. Dadurch entsteht der Eindruck, dass der Spruch aus einer Matthäus und Lukas gemeinsamen Überlieferung, also möglicherweise aus Q stammt. Wie der Kontext und der Wortlaut von Mt 24,23 im Einzelnen zeigen, wurde der Spruch jedoch von Matthäus aus Mk 13,21 übernommen (vgl. „Christus", „glauben"). Er hat eine Dublette in Q 17,23 (Mt 24,26 par. Lk 17,23, s.u.). Auch dort geht es, wie der ihm folgende Spruch vom Tag des Menschensohnes (Q 17,24) zeigt, um eine endzeitliche Gestalt. Von dieser Doppeltradition unterscheidet sich 17,20f charakteristisch. In Lk 17,21 geht es nicht um den Messias bzw. Men-

schensohn, sondern um das Kommen der Königsherrschaft Gottes, das sich nicht beobachten lässt. In V. 21a „... und sie werden nicht sagen: Siehe, hier! oder: Dort!" zeigt diese Tradition eine gewisse Berührung mit Mk 13,21. In seiner Herkunft bleibt der Spruch umstritten. Handelt es sich um eine redaktionelle Bildung des Lukas? Um eine Gemeindetradition? Im Kern um ein authentisches Jesuswort, das Lukas hier verarbeitet hat? Die Möglichkeit, dass die Tradition aus Q stammt, ist nicht grundsätzlich auszuschließen, aber schwer nachzuweisen, da es sich um eine lukanische Sonderüberlieferung handelt und Indizien dafür bei Matthäus fehlen. Auch die Deutung des Spruches „Siehe, das Reich Gottes ist in eurer Mitte" ist umstritten. Geht es um den plötzlichen Anbruch der Basileia? Dann müsste der entscheidende Aspekt der „Plötzlichkeit" aber eingetragen werden. Andere deuten das ἐντὸς ὑμῶν im Sinn von „in euch" oder „unter euch". Die vorgeschlagene Übersetzung lässt die Deutung bewusst offen.

Das IQP hielt die Frage der Zugehörigkeit von 17,20f zu Q für nicht entscheidbar. PH entschied mit {B} gegen sie. JMR und JSKV entschieden mit {C} für sie.

Q 17,24
In der zweiten Spruchhälfte emendierte das IQP in Analogie zu Mt 24,27b „so wird die Parusie des Menschensohnes sein" für Q „(so wird) der Tag des Menschensohnes (sein)" (ἡ <ἡμέρα> τοῦ υἱοῦ τοῦ ἀνθρώπου).

Q 17,26
Lk 17,26b heißt es: „so wird es in den Tagen des Menschensohnes sein". Das IQP übernahm den Plural mit {C}. JMR, JSKV und PH emendieren Q 17,24 entsprechend „<am Tag> des Menschensohnes" (vgl. auch den Singular in Q 17,30). Da Lukas schon in 17,22 redaktionell von den „Tagen des Menschensohnes" spricht, rechnen sie auch hier mit einem Eingriff des Lukas.

Q 17,27
In der Beschreibung des Verhaltens der Menschen in den Tagen Noachs verwendet Lk 17,27a Imperfekte, Mt 24,28 die constructio periphrastica „wie sie essend und trinkend usw. waren". JMR und PH folgen Matthäus. Das IQP und JSKV übernehmen die Imperfek-

te des Lukas mit {C} bzw. {B}, konjizieren aber mit {C} für ἤσθιον bei Lukas nach Mt 24,28 <ἔ>τρωγ<ον>.

Q 17,?28f?
JSKV entscheidet sich für die Zugehörigkeit des Vergleichs mit den Zeitgenossen Lots zu Q mit {C}. Das IQP und PH schließen sie mit {B} aus, da eine Matthäusparallele fehlt und Lk 17,31f das Interesse des Lukas an dieser Bezugnahme auf die Lotgeschichte deutlich macht. JMR bleibt unentschieden.

Q 17,34
Das IQP rekonstruierte hier mit {B} nach Lk 17,34 „auf einem Bett“ (ἐπὶ κλίνης μιᾶς). Die Herausgeber folgen Mt 24,40 „auf dem Acker“ mit {C}. Lukas hat möglicherweise geändert, um eine Spannung mit dem Spruch Lk 17,31 zu vermeiden, den er aus Mk 13,16 in diesen Q-Abschnitt umgestellt und auf Lots Frau (vgl. Gen 19,26) bezogen hat: „... wer auf dem Dach sein wird und seine Sachen im Hause hat, steige nicht herab, sie zu holen, und ebenso soll, wer auf dem Acker ist, sich nicht umwenden nach hinten. Erinnert euch an Lots Frau!“

Q 19,12-26
Die matthäischen und lukanischen Fassungen der Parabel vom anvertrauten Geld (Mt 25,14-30, Lk 19,11-27) divergieren erheblich, sodass von verschiedenen Autoren deren Herkunft aus Q in Frage gestellt wird. Das IQP und die Herausgeber entschieden sich mit {B} für die Zugehörigkeit zu Q. Ihrer Meinung nach lassen sich die Unterschiede auf die Redaktionsarbeit der beiden Evangelisten zurückführen. Vor allem die Verbindung mit der Geschichte vom Thronanwärter (vgl. vor allem Lk 19,12.14.15a.17d.19b.27) dürfte auf Lukas zurückgehen, der so die Parabel benutzt, um die Geschichte des Messias Jesus mit Israel in den Blick zu nehmen: Der von seinen Mitbürgern abgelehnte Thronprätendent wird die Königswürde „in einem fernen Land“ erhalten und dereinst als König wiederkommen. Seine Getreuen erhalten dann Anteil an seiner Herrschaft, seine Feinde aber werden ihre Strafe finden (vgl. Lk 22,28-30 und dazu Hoffmann u.a., Q 22:28, 30 [Documenta Q], 293f). In der Rekonstruktion des Q-Textes besteht zwischen dem IQP und den Herausgebern weithin Konsens, sie unterscheiden sich

nur in der Frage, welche Geldsummen den Sklaven in Q anvertraut wurden. Nach Lukas handelt es sich um zehn Minen (eine Mine sind etwa 100 Denare, ein Denar der Tageslohn eines Arbeiters, vgl. Mt 20,2), nach Matthäus um insgesamt acht Talente (ein Talent etwa 60 Minen), also um weit größere Geldsummen. Das IQP ließ die Frage unentschieden. Die Herausgeber folgen Lukas. Matthäus hat die Summen erhöht (vgl. auch Mt 18,24), um so die Verantwortung zu verdeutlichen, in der die Sklaven stehen. Diese Summen stehen aber in Spannung zur Erzählung. Denn in 25,21.23 lobt der Hausherr die beiden ersten Sklaven, weil sie mit „Wenigem" zuverlässig waren.

Q 22,28.30
Das IQP ließ die Frage offen, ob der Spruch wie in Mt 19,28a.b eine eigene Einleitung hatte. PH postuliert mit {C} nach Mt 19,28b als Einleitungswendung: „Ich sage euch" (λέγω ὑμῖν ὅτι). Nach Mt 19,28c werden die Jünger bei der „Wiedergeburt" (ἐν τῇ παλιγγενεσίᾳ), d.h. bei der Totenauferstehung oder Neuschöpfung der Welt, die Stämme Israels richten. Nach Lk 22,30a sagt Jesus den Jüngern zu, dass sie an seinem Tisch in seiner Basileia (ἐν τῇ βασιλείᾳ μου) essen und trinken werden. Die Frage ist, ob in diesem höchstwahrscheinlich redaktionellen Zusatz des Lukas der Verweis auf die Basileia aus Q stammt. Das IQP und JMR halten dies mit {C} für möglich, emendieren aber „in der Basileia Gottes" (ἐν τῇ βασιλείᾳ <τοῦ θεοῦ>). JSKV und PH bleiben unentschieden. Matthäus spricht sodann von „zwölf" Thronen und bezieht damit die Verheißung ausdrücklich auf den Zwölferkreis, bei Lukas ist nur von „Thronen" die Rede. Da Q die Zwölf sonst nicht erwähnt, sondern nur einen offenen Kreis der Jesus Nachfolgenden kennt, Matthäus aber generell daran interessiert ist, die Jüngerschaft aus allen Völkern „historisch" an den Kreis der Zwölf zu binden (nach Mt 19,27 fragt Petrus als Sprecher der Zwölf nach dem Lohn der Nachfolge), handelt es sich höchstwahrscheinlich um einen redaktionellen Zusatz. Das IQP und JMR schließen daher mit {B}, JSKV und PH mit {C} für Q die Zahlenangabe aus.

Konkordanz

erstellt von John S. Kloppenborg Verbin
bearbeitet von Paul Hoffmann

Die Konkordanz indiziert nur das signifikante Q-Vokabular und berücksichtigt keine Artikel, Präpositionen, Partikel, Personal- und Relativpronomen. Es wurde darauf verzichtet, die volle Breite der möglichen Bedeutungen des griechischen Vokabulars zu verzeichnen. Für diesbezügliche Informationen sei auf entsprechende Lexika verwiesen, vor allem

- W. Bauer, Griechisch-deutsches Wörterbuch zu den Schriften des Neuen Testaments und der frühchristlichen Literatur. 6., völlig neu bearbeitete Auflage, hg. v. K. u. B. Aland, Berlin / New York 1988.
- W. Bauer et al., A Greek-English Lexicon of the New Testament and other Early Christian Literature. Third edition, revised and edited by F.W. Danker, Chicago / London 2000.
- H.G. Liddell / R. Scott, A Greek-English Lexicon. New [= 9th] Edition revised and augmented throughout by H.S. Jones with the assistance of R. McKenzie and with the co-operation of many scholars, Oxford 1925/40. (Revised Supplement, ed. P.G.W. Glare with the assistance of A.A. Thompson, Oxford 1996.)

Die differenzierte Auflistung der Stellen in der Konkordanz ermöglicht eine einfache visuelle Identifizierung des unterschiedlich „sicheren“ Vokabulars in Q:

3,7 **Fette** Schrift kennzeichnet Stellen, in denen dasselbe Wort sowohl bei Matthäus wie auch bei Lukas steht, und die somit das sichere Q-Vokabular ausmachen. Der Fettdruck bedeutet jedoch nicht, dass die Worte an diesen Stellen bei beiden Evangelisten in der gleichen grammatischen Form verwendet werden.

3,7 Normale Schrift wird gebraucht für Stellen, in denen das entweder bei Matthäus oder Lukas stehende Wort mit der Wahrscheinlichkeit {A} oder {B} zu Q gerechnet wird.

⟦3,7⟧ Doppelt eckige Klammern bezeichnen Stellen, in denen das entweder bei Matthäus oder Lukas stehende Wort mit der Wahrscheinlichkeit {C} zu Q gerechnet wird. Da es möglich ist, dass ein ganzer Vers nur mit der Wahrscheinlichkeit {C} zu Q gerechnet wird, Matthäus und Lukas aber im Gebrauch desselben Worts übereinstimmen, stehen in einigen Fällen die **fett**gedruckten Stellen in doppelt eckigen Klammern, z.B. unter λέγω *Q* ⟦**12,54**⟧. Hier haben sowohl Matthäus wie Lukas λέγετε, da aber der ganze Vers nicht sicher zu Q gerechnet wird, steht der Beleg in ⟦ ⟧.

«12,33» Doppelte spitze Klammern markieren Stellen, in denen das Wort zu Formulierungen gehört, die einen Ursprung in Q zu haben scheinen, die aber nur in einem allgemeinen Sinn den ursprünglichen Q-Text wiedergeben. Diese Klammern kennzeichnen üblicherweise Formulierungen und Verse, die nur bei Matthäus oder nur bei Lukas bezeugt sind (z.B. ⟦«6,29↔30/Mt 5,41»⟧; «12,33»; ⟦«12,49»⟧; «14,21a»; ⟦«15,8-10»⟧; «17,20f»). Obwohl der Vers oder die Formulierung von Q zu kommen scheint, ist es unmöglich, einen nach Wahrscheinlichkeiten differenzierten Text zu rekonstruieren oder den genauen Q-Wortlaut hinter der matthäischen oder lukanischen Fassung mit einem bestimmten Wahrscheinlichkeitsgrad festzustellen.

3,7 *Kursive* Schrift bezeichnet Stellen, in denen das entsprechende Wort nicht im rekonstruierten Q-Text enthalten ist, da es entweder mit einem Wahrscheinlichkeitsgrad von {D} oder {U} versehen wurde. Beim Wahrscheinlichkeitsgrad {U} wurde sowohl das matthäische wie das lukanische Wort mit der Q-Stelle in kursiver Schrift aufgenommen.

Die Entscheidung, auch mit {D} und {U} rekonstruierte Worte zu verzeichnen, geht das Risiko ein, auch redaktionelles Material einzubeziehen. Dieses Risiko ist jedoch in Kauf zu nehmen, um den gesamten möglichen Q-Wortlaut zu berücksichtigen. An einigen Stellen ist der *Sinn* des Q-Textes ausreichend klar, auch wenn nach der *Critical Edition of* Q keine Entscheidung zwischen der matthäischen und der lukanischen Variante möglich ist. So liest Matthäus bei Q 4,2 νηστεύσας (fastend), Lukas bietet οὐκ ἔφαγεν οὐδέν (und er aß nichts). Nach der *Critical Edition of Q* waren keine Kriterien zu finden, um zwischen den beiden Varianten zu entscheiden, daher wurde hier der Q-Text mit {U} bewertet. Da jedoch die grundlegende Aussageabsicht bei Matthäus und Lukas übereinstimmt, ist es sinnvoller, sowohl das matthäische wie das lukanische Vokabular in die Konkordanz aufzunehmen, als beide auszuschließen und damit eine inhaltliche Übereinstimmung unsichtbar werden zu lassen.

<16,18> Die Herausgeber der *Critical Edition of Q* haben es gelegentlich für notwendig befunden, den Q-Text zu konjizieren. Das Vokabular solcher Konjekturen ist in der Konkordanz mit spitzen Klammern gekennzeichnet. In den meisten Fällen lehnen sich die Konjekturen entweder an den matthäischen oder den lukanischen Text an. Wo z.B. Lukas bei Q 16,18 ἑτέραν stehen hat, bietet Matthäus keinen relevanten Paralleltext. Da ἑτέραν wahrscheinlich lukanisch ist, wurde in diesem Fall <ἄλλην> als Q-Text konjiziert. Unter ἄλλος erscheint in der Konkordanz daher der Eintrag <16,18>.

Ἄβελ Abel Q **11,51**

Ἀβρααμ Abraham Q **3,8[2]; 13,28**

ἀγαθός gut Q ⟦6,35⟧; **6,45[3]; 11,13**; 11,13; **19,17**; ⟦19,19⟧

ἀγαλλιάω jubeln Q ⟦6,23⟧

ἀγαπάω lieben Q **6,27.32[2]; 16,13**

ἀγγαρεύω zum Frondienst zwingen Q ⟦«6,29↔30/Mt 5,41»⟧

ἄγγελος Engel, Bote Q **4,10**; 7,27; 12,8.9; ⟦«15,10»⟧

ἁγιάζω heiligen Q **11,2**

ἅγιος heilig Q ⟦**3,16**⟧; ⟦*3,22*⟧; **12,10**; ⟦12,12⟧

ἀγορά Marktplatz Q **7,32; 11,43**

ἀγοράζω kaufen Q *14,18. 19*; *17,28*

ἀγρός Feld, Acker Q **12,28; 14,18**; ⟦17,34⟧

ἀδελφός Bruder Q **6,41.** 42[2]; 17,3

ἄδηλος unkenntlich Q 11,44

ᾅδης Hades, Totenreich Q **10,15**

ἄδικος ungerecht Q ⟦6,35⟧

ἀετός Adler, *hier*: Aasgeier Q 17,37

ἀθετέω ablehnen Q ⟦*7,30*⟧

αἷμα Blut Q **11,50.51[2]**

αἴρω tragen, wegraffen, wegnehmen Q **4,11**; *11,21*; 17,27; **19,24.26**

αἰτέω bitten Q 6,30; **11,9. 10.11.12.13**

ἀκάθαρτος unrein Q **11,24**

ἄκανθα Dornengewächs, Dornengestrüpp Q **6,44**

ἀκολουθέω folgen Q 7,9; 9,57.60; 14,27; 22,28

ἀκούω hören Q **6,47.49**; 7,9; ⟦7,18⟧; **7,22[2]**; ⟦*7,29*⟧; *10,23*; **10,24[3]**; *11,28*; **11,31**; 12,3

ἀκρασία Unmäßigkeit, Gier Q 11,39

ἅλας Salz Q **14,34[2]**

ἄλευρον Weizenmehl Q **13,21**

ἀλήθω mahlen Q **17,35**

ἀλλά aber, doch, sondern Q **7,7.25.26; 11,33; 12,51**

ἄλλος anderer Q **6,29**; **7,8**; <16,18>

ἀπαγγέλλω berichten Q 7,22

ἀπαιτέω zurückfordern Q ⟦6,30⟧

ἀπαλλάσσω loslassen, *pass.*: loskommen Q 12,58

ἅπας ganz, alles, alle Q ⟦*3,21*⟧; ⟦12,30⟧; 17,27

ἀπέρχομαι weggehen, fortgehen, hingehen Q 7,24; **9,57.59**; *14,18*; ⟦19,21⟧

ἄπιστος treulos Q 12,46

ἁπλοῦς einfach, lauter, klar Q **11,34**

ἀποδεκατόω verzehnten Q **11,42**

ἀποδημέω auf Reisen gehen Q 19,12

ἀποδίδωμι zurückgeben Q **12,59**

ἀποθήκη Scheune Q **3,17**; **12,24**

ἀποκάλυπτω enthüllen, offenbaren Q **10,21.22**; **12,2**; 17,30

ἀποκρίνομαι antworten Q **4,4**; ⟦4,8⟧; ⟦4,12⟧; 7,6; **7,22**; *11,29*; **13,25**; ⟦«17,20»⟧

ἀποκτείνω töten Q 11,47; *11,48*; **11,49**; **12,4**; 12,4; **13,34**

ἀπόλλυμι vernichten, verlieren, *med.*: umkommen Q 11,51; 12,5; ⟦15,4⟧[2]; ⟦«15,8.9»⟧; *17,29*; **17,33[2]**

ἀπολύω entlassen Q **16,18[2]**

ἀποστέλλω senden Q **7,27**; **10,3.16**; **11,49**; **13,34**; **14,17**

ἅπτω anzünden Q ⟦«15,8»⟧

ἄρα also, so Q **11,20**; *11,48*; **12,42**

ἀργύριον Silber, Geld Q **19,23**

ἀριθμέω zählen Q **12,7**

ἀρκετός genügend, es genügt Q ⟦6,40⟧

ἀρνέομαι verleugnen Q **12,9**; 12,9

ἁρπαγή Raub Q **11,39**

ἁρπάζω rauben Q *11,21*; 16,16

ἄρτος Brot Q **4,3.4**; **11,3**; 11,11

ἀρτύω würzen Q ⟦14,34⟧

ἄρχομαι beginnen, anfangen Q **7,24**; **12,45**; ⟦13,25⟧; 13,26; *14,18* ἄρχων Herrscher Q **11,15**

ἄσβεστος unauslöschlich Q **3,17**

ἀσθενέω schwach, krank sein Q ⟦10,9⟧

ἀσπάζομαι grüßen Q 10,4

ἀσπασμός Gruß Q **11,43**

ἀσσάριον As (röm. Münze) Q **12,6**

ἀστραπή Blitz Q **17,24**

αὐλέω Flöte blasen, mit der Flöte (zum Tanz) aufspielen Q **7,32**

αὐλή Hof Q *11,21*

αὐξάνω wachsen Q **12,27**; **13,19**

αὔριον morgen Q **12,28**

ἀφανίζω unsichtbar machen, zerstören Q «12,33»; 12,33

ἀφίημι lassen, verlassen, zurücklassen, erlassen, vergeben Q 4,13; ⟦6,29⟧; **6,42**; **9,60**; **11,4[2]**; ⟦11,42⟧[2]; 11,52; **12,10[2]**; **13,35**; 15,4; 17,3; **17,4.34.35**

ἀφίστημι weggehen Q 13,*27*

ἄχυρον Spreu Q **3,17**

βαλλάντιον Geldbeutel Q ⟦10,4⟧

βάλλω werfen, bringen Q **3,9**; **4,9**; **12,28**; ⟦«12,49»⟧; 12,51[2]; **12,58**; 13,19; **14,35**; ⟦19,23⟧

βαπτίζω eintauchen, taufen Q 3,*7*; **3,16[2]**; ⟦*3,21*⟧[2]; ⟦**3,21**⟧; ⟦*7,29.30*⟧

βάπτισμα Taufe Q ⟦*7,29*⟧

βαρύς schwer Q *11,46*

βασιλεία Königsherrschaft, Königreich Q **4,5**; **6,20**; **7,28**; **10,9**; **11,2.17.18.20**; 11,52; **12,31**; **13,18.20.28**; **16,16**; ⟦«17,20»⟧[2]; ⟦«17,21»⟧; *22,30*

βασιλεύς König Q 7,25; 10,24

βασίλισσα Königin Q **11,31**

βαστάζω tragen Q 3,16; 10,4; *11,27*

Βεελζεβούλ Beelzebul Q **11,15.19**

Βηθσαϊδά(ν) Bethsaida Q **10,13**

βιάζω *med.*: sich mit Gewalt durchsetzen, *pass.*: Gewalt erleiden Q **16,16**

βιαστής Gewalttäter Q 16,16

βλέπω sehen Q **6,41**; 7,22; **10,23**; 10,23; **10,24**

βόθυνος Grube Q **6,39**

βουλή [Gottes] Ratschluss Q ⟦*7,30*⟧

βούλομαι wollen Q **10,22**

βοῦς Rind Q *14,19*

βρέχω regnen lassen Q ⟦6,35⟧; *17,29*

βροχή Regen Q 6,48.49

βρυγμός (Zähne)klappern Q **13,28**

βρῶσις Fraß Q «12,33»; 12,33

Γαλιλαία Galiläa Q ⟦*3,21*⟧

γαμέω heiraten Q *14,20*; ⟦16,18⟧; **16,18**; **17,27**

γαμίζω verheiraten Q **17,27**

γέεννα Gehenna, Hölle Q **12,5**

γείτων Nachbar, Nachbarin Q ⟦«15,9»⟧

γεμίζω füllen Q 14,23

γέμω voll sein Q **11,39**

γενεά Generation Q **7,31**; 11,29; **11,29**; 11,30; **11,31.32**; 11,50; **11,51**

γέννημα das Gezeugte, *hier:* (Schlangen)brut Q **3,7**

γεννητός geboren Q **7,28**

γῆ Erde Q **10,21**; **11,31**; 12,6; «12,33»; ⟦«12,49»⟧; **12,51**; 14,35; **16,17**; ⟦19,21⟧

γίνομαι werden, geschehen, sein Q ⟦*3,21.22*⟧; **4,3**; 6,35; ⟦6,36.40⟧; ⟦7,1⟧; *7,10*; **10,13[2].21**; **11,26**; *11,27*; 11,30; *11,41*; **12,40**; ⟦12,54⟧; **13,19**; 15,5; ⟦«15,10»⟧; ⟦17,26⟧; *17,28*

γινώσκω (er)kennen, wissen Q **6,44**; 10,22; ⟦10,22⟧; **12,2.39.46**; ⟦19,21⟧

γραμματεύς Schriftgelehrter Q *11,16*

γράφω schreiben Q **4,4.8.10**; 4,12; **7,27**

γυνή Frau Q **7,28**; *11,27*; **13,21**; *14,20*; ⟦«15,8»⟧; **16,18**

δαιμόνιον Dämon Q **7,33**; 11,14; **11,14.15[2].19.20**

δάκτυλος Finger Q 11,20; **11,46**

δαν(ε)ίζω leihen Q ⟦6,30.34⟧

δεῖ man muss, es ist notwendig Q **11,42**; ⟦19,23⟧

δείκνυμι zeigen Q **4,5**

δεῖπνον Mahl, Gastmahl Q ⟦11,43⟧; 14,16; ⟦14,17⟧

δουλεύω (als Sklave) dienen Q **16,13[2]**

δοῦλος Sklave Q *6,40*[2]; **7,8**; *7,10*; 12,42; **12,43.45.46**; **14,17**; «14,21»; **14,21**; **19,13.15.17**; ⟦19,19⟧; **19,22**

δραχμή Drachme (griech. Silbermünze) Q ⟦«15,8»⟧[2]; ⟦«15,9»⟧

δύναμαι können Q **3,8**; 6,39; *6,42*; *11,21*; 12,4.5; **12,25**; ⟦12,56⟧; *14,20*; < 14,26 >; 14,26.27; **16,13[2]**

δύναμις Macht, Machttat, Wunder Q **10,13**

δύο zwei Q ⟦«6,29↔30/Mt 5,41»⟧; ⟦12,6⟧; **16,13**; **17,34.35**

δυσβάστακτος schwer zu tragen Q *11,46*

δυσμή Untergang, Westen Q **13,29**; 17,24

δώδεκα zwölf Q **22,30**

δῶμα Dach Q **12,3**

ἐάω (zu)lassen Q ⟦12,39⟧

ἐγγίζω nahe kommen Q **10,9**

ἐγείρω (auf)erwecken, *pass.*: aufstehen, auftreten Q **3,8**; 7,22; 7,28; **11,31**; ⟦13,25⟧

ἐγκρύπτω verbergen Q **13,21**

ἐθνικός Heide Q ⟦6,34⟧

ἔθνος Volk, *pl.*: die Heiden Q **12,30**

εἶδον sehen (Aorist) Q **7,25.26**; ⟦*7,30*⟧; **10,24[2]**; **13,35**; *14,18*

εἶπον sagen, sprechen (Aorist) Q ⟦3,7⟧; **4,3[2].6**; 4,8.9.12; ⟦6,22⟧; **7,7.9**; *7,10*; ⟦7,19⟧; **7,22**; **9,57**; 9,58; **9,59**; 9,60; **10,21**; **11,15.17**; *11,27.28*; ⟦11,29⟧; *11,39*; 11,49; **12,3**; 12,10; ⟦12,10⟧; 12,11.12; **12,45**; *12,54*; **13,35**; **14,17**; *14,18.19.20*; 14,21; ⟦«17,20»⟧; 17,23; *19,12*; ⟦19,13⟧; 19,17.19

εἰρήνη Frieden Q 10,5.6; **10,6**; 10,6; *11,21*; **12,51**; 12,51

εἷς *Zahlwort*: einer Q ⟦«6,29↔30/Mt 5,41»⟧; **12,6**; *12,25*; **12,27**; **15,4**; ⟦«15,8.10»⟧; *14,18*; **16,13[2].17**; 16,17; **17,2.34**; 17,34; **17,35**; 17,35

εἰσέρχομαι hineingehen, eintreten Q **7,1.6**; **10,5**; ⟦10,8⟧; 10,10; *11,21*; **11,26.52[2]**; 11,52; **13,24[2]**; < 13,24 >; **17,27** εἰσφέρω führen, bringen, schleppen Q **11,4**; 12,11

ἑκατόν hundert Q **15,4**

ἑκατόνταρχος Zenturio Q 7,3; 7,6; *7,10*

ἐκβάλλω hinauswerfen, herausziehen, hervorholen, hinausschicken, (Dämonen) austreiben Q **6,42[3]**; 6,45[2]; **10,2**; 11,14[2]; **11,15.19[2].20**; **13,28**

ἐκεῖ dort Q 10,6; **11,26**; **12,34**; **13,28**; ⟦«17,21»⟧; **17,37**

ἐκεῖθεν von dort Q **12,59**

ἐκεῖνος jener Q **6,48.49**; *7,10*; 10,10.12; **10,12**; *10,21*; **11,26.42**; *12,12*; ⟦12,39⟧; **12,43.45.46**; ⟦17,27⟧; 19,15

ἐκζητέω einfordern Q 11,50.51

ἐκκόπτω (her)aushauen Q **3,9**

ἐκπειράζω versuchen Q **4,12**

ἐκριζόω entwurzeln, mit der Wurzel ausreißen, Q 17,6

ἐκτινάσσω abschütteln Q 10,11

ἐκτός außerhalb, *subst.*: das Äußere Q 11,41

ἐκχέω vergießen Q **11,50**

ἔλεος Barmherzigkeit Q 11,42

ἐλπίζω hoffen Q ⟦6,34⟧

ἐμπορία Geschäft Q *14,19*

ἔνδυμα Kleidung Q **12,23**; 12,26

ἐνδύω bekleiden Q **12,22**

ἐνενήκοντα neunzig Q **15,4.7**

ἐννέα neun Q **15,4.7**

ἐντέλλω befehlen Q **4,10**

ἐντός innen, innerhalb, in (eurer) Mitte, *subst.*: das Innere Q 11,41; ⟦«17,21»⟧

ἐξέρχομαι (hin)ausgehen, weggehen Q **7,24.25.26**; **10,10**; **11,24[2]**; **12,59**; *14,18*; 14,23; 17,23.24; *17,29*

ἐξομολογέω preisen Q **10,21**

ἐξουσία Autorität Q **7,8**

ἔξω draußen, hinaus Q ⟦10,10⟧; ⟦13,25⟧; **14,35**

ἔξωθεν von außen her, *subst.*: die Außenseite Q **11,39**

ἐξώτερος außen, *superlat.*: äußerst Q ⟦13,28⟧

ἐπαθροίζω dazu versammeln Q *11,29*

ἐπαίρω erheben, (die Augen) richten auf, Q ⟦6,20⟧; *11,27*

ἐπέρχομαι herbeikommen, anfallen Q *11,22*

ἐπερωτάω fragen Q ⟦«17,20»⟧

ἐπιδίδωμι geben Q **11,11.12**

ἐπιζητέω suchen Q **12,30**

ἐπιθυμέω begehren Q *10,24*

ἐπιούσιος (in der Bedeutung umstritten) für den Tag Q **11,3**

ἐπιστρέφω zurückkehren Q ⟦10,6⟧; 11,24

ἐπισυνάγω sammeln Q **13,34**; 13,34

ἐπιτίθημι auflegen Q ⟦11,46⟧

ἐπιτιμάω zurechtweisen Q 17,3

ἐπιτρέπω gestatten Q **9,59**

ἑπτά sieben Q **11,26**

ἑπτάκις siebenmal Q 17,4[2]

ἐργάζομαι arbeiten, tun, handeln Q 13,27

ἐργασία Arbeit, Mühe Q 12,58

ἐργάτης Arbeiter Q **10,2[2].7**

ἔρημος verlassen, öde, *subst.*: Wüste Q **4,1**; **7,24**; 17,23

ἐρημόω verwüsten, entvölkern Q **11,17**

ἔρχομαι kommen Q ⟦3,7⟧; **3,16**; ⟦*3,22*⟧; *4,16*; 6,48.49; <7,3>; **7,3.8[2].19**; ⟦«7,29»⟧; **7,33.34**; 10,6; **11,2.25.31**; **12,39.40.43**; ⟦«12,49»⟧; 12,51[2].53; **13,35**; 14,17; *14,20*; **17,1[2]**; ⟦«17,20»⟧[2]; **17,27**; 19,13.15; ⟦<19,16>⟧; 19,18.20; **19,23**

ἐρῶ sagen, sprechen Q *6,42*; 13,25.27; ⟦«17,21»⟧

ἐρωτάω bitten Q *14,18.19*

ἐσθίω essen Q ⟦*4,2*⟧; **7,33.34**; «10,7»; ⟦«10,8»⟧; **12,22.29.45**; 13,26; *17,28*

ἔσχατος letzter Q **11,26**; **12,59**; ⟦13,30⟧[2]

ἔσωθεν innen Q **11,39**

ἕτερος anderer, (bei Aufzählungen) dritter Q ⟦7,19.32⟧; **9,59**; **11,26**; *14,19.20*; **16,13[2]**; 19,20

ἕτοιμος bereit Q **12,40**; **14,17**

θεός Gott Q **3,8**; ⟦*3,22*⟧; **4,3.8.9.12**; 6,20; 7,28; ⟦*7,29.30*⟧; 10,9; **11,20[2]**; *11,28.49*; <11,52>; *12,8.9*; 12,24; **12,28**; 13,18.20.28; **16,13**; 16,16; ⟦«17,20»⟧[2]; ⟦«17,21»⟧

θεραπεύω heilen Q 7,3; **10,9**

θερίζω ernten Q **12,24**; **19,21.22**

θερισμός Ernte Q **10,2[3]**

θηλάζω säugen, saugen Q *11,27*

θησαυρίζω sammeln, speichern Q «12,33»; 12,33

θησαυρός das Aufbewahrte, Vorrat, Schatz, Aufbewahrungsort Q **6,45**; ⟦6,45⟧; «12,33»; **12,33.34**

θρηνέω klagen, Klagelieder anstimmen Q **7,32**

θρίξ Haar Q **12,7**

θρόνος Thron Q **22,30**

θυγάτηρ Tochter Q **12,53**; 14,26

θύρα Tür Q 13,24; **13,25**; ⟦13,25⟧

θυσιαστήριον Altar Q **11,51**

Ἰακώβ Jakob Q **13,28**

ἰάομαι heilen Q *7,7*; *7,10*

ἴδε siehe! Q ⟦19,21⟧

ἴδιος eigen Q *14,18*

ἰδού siehe! Q ⟦*3,22*⟧; 6,42; **7,25.27.34**; **10,3**; **11,31.32**; *11,41*; *13,30*; **13,35**; ⟦«17,21»⟧[2]; **17,23[2]**

ἱερόν Heiligtum, Tempel Q **4,9**

Ἰερουσαλήμ Jerusalem Q 4,9; **13,34[2]**

Ἰησοῦς Jesus Q ⟦<3,0>⟧; ⟦*3,21*⟧; ⟦**3,21**⟧; **4,1**; 4,4; **4,8.12**; *7,1*; **7,9**; *7,10*; **9,58**; *11,39*

ἱκανός würdig Q **3,16**; **7,6**

ἱμάτιον Obergewand Q **6,29**

ἵνα damit Q **4,3**; **6,31**; *6,37*; ⟦6,40⟧; **7,6**; *11,41*; ⟦11,50⟧; 14,23; 17,2

Ἰορδάνης Jordan Q **3,3**; ⟦*3,21*⟧

Ἰσαάκ Isaak Q **13,28**

Ἰσραήλ Israel Q **7,9**; **22,30**

ἵστημι stellen, bestehen bleiben, stehen Q **4,9**; 11,17; **11,18**; ⟦13,25⟧

ἰσχυρός stark Q **3,16**; *11,21.22*

καταφρονέω verachten **Q 16,13**

κατοικέω wohnen **Q 11,26**

κάτω unten, hinab **Q 4,9**

Καφαρναούμ Kafarnaum **Q 7,1; 10,15**

κεῖμαι liegen, angelegt sein **Q 3,9**

κεραία Häkchen **Q 16,17**

κεφαλή Kopf **Q 9,58; 12,7**

κῆπος Garten Q [[13,19]]

κήρυγμα Verkündigung, Predigt **Q 11,32**

κηρύσσω bekannt machen, verkünden **Q 12,3**

κιβωτός hölzerner Kasten, Kiste, die Arche des Noach **Q 17,27**

κινέω bewegen Q [[11,46]]

κλάδος Zweig **Q 13,19**

κλαίω weinen Q 7,32

κλαυθμός Weinen **Q 13,28**

κλείω (ver)schließen Q 11,52; [[13,25]]

κλέπτης Dieb Q «12,33»; **12,33.39**

κλέπτω stehlen Q «12,33»; 12,33

κλίβανος Ofen **Q 12,28**

κλίνω legen **Q 9,58**

κοδράντης Quadrans (kleinste röm. Münze), Pfennig Q [[12,59]]

κοιλία Mutterleib Q *11,27*

κόκκος Samen(korn) **Q 13,19; 17,6**

κομίζω bringen, *med.*: zurückerhalten Q 19,23

κονιορτός Staub **Q 10,11**

κοπιάω sich abmühen **Q 12,27**

κοπρία Misthaufen Q 14,35

κόραξ Rabe Q 12,24

κοσμέω ordnen **Q 11,25**

κόσμος Welt Q 4,5; 11,50

κρίμα Urteil Q [[6,37]]

κρίνον Lilie **Q 12,27**

κρίνω richten Q [[6,29]]; **6,37[2]**; [[6,37]][2]; **22,30**

κρίσις Gericht, Recht **Q 10,14; 11,31.32.42**

κριτής Richter **Q 11,19; 12,58[2]**

κρούω klopfen **Q 11,9.10**; [[13,25]]

κρύπτη verborgener Ort / Platz, Keller Q ⟦11,33⟧

κρυπτός verborgen Q **12,2**

κρύπτω verbergen Q 10,21; 19,21

κύμινον Kümmel Q 11,42

κύριος Herr Q **4,8.12**; *6,40*[2]; **6,46[2]**; **7,6**; **9,59**; **10,2.21**; *11,39*; **12,42.43.45. 46**; 13,25; **13,35**; «14,21»; **16,13**; 19,15; **19,16.18.20**

κωφός stumm Q **7,22**; **11,14[2]**

λαλέω reden, sprechen Q **6,45**; **11,14**; *11,39*

λαμβάνω (weg)nehmen, auf sich nehmen, zurückerhalten, empfangen Q ⟦6,29. 34⟧; **11,10**; **13,19.21**; 14,27

λάμπω leuchten Q ⟦11,33⟧

λαός Volk Q ⟦*3,21*⟧; ⟦*7,29*⟧

λατρεύω dienen Q **4,8**

λέγω sagen Q **3,8[2]**; ⟦*3,22*⟧; **6,20**; *6,42*; 6,46; ⟦7,3⟧[2]; **7,8.9.24.26.28.32.33.34**; **10,2**; 10,5; **10,9.12.24**; ⟦11,2⟧; 11,9; **11,24**; *11,27. 39*; **11,51**; 12,3; **12,22.27**; 12,29; **12,44**; ⟦*12,54*⟧; ⟦**12,54**⟧; **12,59**; **13,25**; 13,26.*27*; **13,35**; **15,7**; ⟦«15,9.10»⟧; 17,6.34; **19,16**; 19,18.20.22

λεπρός aussätzig Q **7,22**

λίαν sehr Q ⟦4,5⟧

λιθοβολέω steinigen Q **13,34**

λίθος Stein Q **3,8**; **4,3.11**; 11,11; 17,2

λόγος Wort, Abrechnung Q **6,47**; ⟦6,49⟧; 7,1; 7,*7*; *11,28*; **12,10**; 19,15

λύκος Wolf Q **10,3**

λυσιτελέω vorteilhaft sein, nützen Q 17,2

λυχνία Leuchter Q **11,33**

λύχνος Lampe Q **11,33.34**; ⟦«15,8»⟧

Λώτ Lot Q *17,28.29*

μαθητής Schüler, Jünger Q **6,20.40**; ⟦6,40⟧; **7,18**; 10,2; *11,39*; <14,26>; 14,26.27

μακάριος selig Q **6,20.21[2]. 22**; **7,23**; **10,23**; *11,27.28*; **12,43**

μαλακός weich, fein Q **7,25**; 7,25

μᾶλλον mehr Q **11,13**; *12,5*; **12,24.28**; 15,*7*

μαμωνᾶς Mammon Q **16,13**

μαρτυρέω bezeugen Q ⟦11,48⟧

μαστός Mutterbrust Q *11,27*

μάχαιρα Schwert Q 12,51

μέγας groß Q **6,49**; **7,28[2]**; ⟦14,16⟧

μεθύω betrunken sein Q ⟦12,45⟧

μέλλω bevorstehen Q **3,7**

μένω bleiben Q **10,7**

μερίζω teilen Q 11,17[2].18

μεριμνάω sorgen Q **12,11. 22.25.26**; 12,29

μέρος Teil, Anteil, Platz Q **12,46**

μέσος mitten Q **10,3**

μεταβαίνω (die Wohnung) wechseln Q ⟦10,7⟧

μεταμέλομαι bereuen Q ⟦*7,30*⟧

μετανοέω umkehren Q **10,13**; **11,32**; ⟦«15,10»⟧; ⟦17,3⟧

μετάνοια Umkehr Q **3,8**

μετρέω messen, zumessen Q **6,38**[2]

μέτρον Maß Q **6,38**

μηδέ und nicht, auch nicht Q 10,4; **12,22**

μηδείς keiner Q 10,4

μήποτε damit nicht Q **4,11**; **12,58**

μήτε und nicht Q *7,33*; **7,33**

μητήρ Mutter Q **12,53**; **14,26**

μήτι (doch nicht) etwa Q 6,39.44

μικρός klein Q **7,28**; **17,2**

μίλιον Meile (röm. Längenmaß, eigentlich 1000 Schritte) Q ⟦«6,29↔30/ Mt 5,41»⟧

μισέω hassen Q 14,26; <14,26>; **16,13**

μισθός Lohn Q **6,23**; 6,32; ⟦<6,34>⟧; 10,7

μνᾶ Mine (griech. Geldeinheit = 100 Drachmen, $^{1}/_{60}$ eines Talents) Q 19,13.16[2]. 18[2]; ⟦<19,21>⟧; 19,24[2]

μνημεῖον Grab, Grabdenkmal Q 11,44; **11,47**

μοιχαλίς ehebrecherisch Q *11,29*

μοιχεύω Ehebruch begehen Q **16,18**; ⟦16,18⟧

μόνος allein Q **4,4.8**

μυλικός zur Mühle gehörig Q 17,2

μύλος Mühle, Mühlstein Q 17,35

μωραίνω töricht machen, fad machen/werden Q **14,34**

Ναζαρά Nazara, Nazaret Q 4,16

ναί ja Q **7,26**; **10,21**; 11,51

νεκρός tot Q **7,22**; **9,60[2]**

νήθω spinnen Q **12,27**

νήπιος unmündig Q **10,21**

νηστεύω fasten Q ⟦*4,2*⟧

Νινευίτης Ninevit Q 11,30; **11,32**

νομικός Gesetzeslehrer Q ⟦*7,30*⟧; ⟦11,46.52⟧

νόμος Gesetz Q **16,16.17**

νοσσίον Küken Q 13,34

νότος Süden Q **11,31**

νύμφη Schwiegertochter Q **12,53**

Νῶε Noach Q **17,26.27**

ὁδηγέω führen Q **6,39**

ὁδός Weg Q **7,27**; 10,4; **12,58**; **14,23**

ὀδούς Zahn Q **13,28**

ὅθεν von wo Q **11,24**; 19,21.22

οἶδα wissen, kennen Q **11,13.17**; 11,44; **12,30. 39**; ⟦12,56⟧; **13,25**; 13.*27*; **19,22**

οἰκετεία Hausgesinde Q 12,42

οἰκία Haus, Hausgemeinschaft Q **6,48[2].49[2]**; **10,5**; ⟦10,7⟧[3]; 11,17; *11,21.22*; ⟦11,33⟧; ⟦«15,8»⟧

οἰκοδεσπότης Hausherr Q **12,39**; ⟦13,25⟧; 14,21

οἰκοδομέω bauen Q **6,48. 49**; **11,47**; *11,48*; *17,28*

οἶκος Haus, Palast, Tempel Q *7,10*; 7,25; ⟦10,5⟧; **11,24**; 11,51; 12,39; **13,35**; 14,23

οἰκτίρμων barmherzig Q 6,36[2]

οἰνοπότης Säufer Q **7,34**

ὀλιγόπιστος kleingläubig Q **12,28**

ὀλίγος wenig Q **10,2**; 13,24; 19,17; ⟦19,19⟧

ὅλος ganz Q **11,34**; 11,34; **13,21**

ὅμοιος gleich Q 6,48.49; 7,31; **7,32**; 13,18; **13,19.21**

ὁμοιόω vergleichen Q **7,31**; 13,18.20

ὁμοίως gleicherweise Q *17,28*

ὁμολογέω bekennen Q **12,8[2]**

ὀνειδίζω schmähen Q **6,22**

ὄνομα Name Q **11,2**; **13,35**

ὅπου wo Q **9,57**; «12,33»[2]; **12,33**; 12,33; **12,34**; **17,37**; 19,21.22

ὅπως damit, dass Q 6,35; **10,2**

ὁράω → εἶδον

ὀργή Zorn Q 3,7

ὀργίζω zornig werden Q **14,21**

ὄρνις Vogel Q **13,34**

ὄρος Berg Q 4,5; ⟦15,4⟧

ὀρχέομαι tanzen Q **7,32**

ὅταν wenn Q **6,22**; ⟦11,2⟧; *11,21*; **11,24**; *11,34*; **12,11**

ὅτε als Q ⟦7,1⟧; ⟦13,35⟧

ὅτι dass, weil, denn Q **3,8**; 4,4; **4,10**; **6,20.21[2]**; 6,23; **6,35**; *10,9*; ⟦10,12⟧; **10,13. 21[2]**; *10,23*; **10,24**; **11,31. 32**; 11,39; **11,42**; 11,43; **11,44**; 11,46; **11,47**; ⟦11,48⟧; *11,48*; **11,52**; **12,24.30.39. 40.44.51**; **13,24**; 14,17; **15,7**; ⟦«15,9»⟧; **19,21.22**

οὐ, οὐκ, οὐχ nicht Q **3,16**; ⟦*4,2*⟧; **4,4.12**; *6,37*; **6,40.41. 43**; 6,46; **6,48**; **7,6**; 7,28; ⟦*7,29*⟧; **7,32[2]**; **9,58**; **10,24[2]**; 11,17.24; **11,29**; 11,44; **11,46.52**; **12,2[2].6. 10.24**; 12,24; **12,27**; 12,28; **12,33.39.40.46[2]**; 12,51; ⟦**12,56**⟧; **12,59**; **13,25**; 13,27; **13,34.35**; *14,20*; 14,26[2]; <14,26>; **14,26. 27[2]**; **16,13**; ⟦«17,20»⟧; **19,21[2].22[2]**

οὐαί wehe Q **10,13[2]**; 11,39; **11,42**; 11,43; **11,44**; 11,46; **11,47.52**; **17,1**

οὐδέ und nicht, noch, auch nicht, und keiner, nicht einmal Q *6,40*; **6,43**; 7,9; ⟦*7,30*⟧; 10,22; ⟦11,52⟧; **12,24[2].27[2]**; 12,33; ⟦«17,21»⟧

οὐδείς keiner Q ⟦*4,2*⟧; **10,22**; 11,33; **12,2**; **16,13**

οὖν also, darum, daher Q **3,8.9**; ⟦*7,31*⟧; **10,2**; **11,13.35**; ⟦12,29⟧; ⟦19,23⟧; 19,24 οὐρανός Himmel Q ⟦**3,21**⟧; **6,23**; **9,58**; **10,15.21**; **11,13**; **12,33**; ⟦12,54.55⟧; ⟦**12,56**⟧; **13,19**; **16,17**; *17,29*

οὖς Ohr Q *10,23*; **12,3**

οὔτε … οὔτε weder … noch Q 12,33; 14,35

οὗτος dieser Q **3,8**; ⟦*3,22*⟧; **4,3.6**; 7,1; **7,8**[2]; ⟦7,18⟧; *7,24*; **7,27.31**; ⟦10,5⟧; **10,21**; **11,19**; *11,27*; 11,29.30; **11,31.32.42.49**; 11,50; **11,51**; **12,22.27.30**[2]**.31**; *14,20*; «14,21»; **17,2.6**

οὕτως so Q 6,23.31; **10,21**; 11,30; **12,28.43**; *13,30*; ⟦«15,10»⟧; **17,24.26**; 17,30

οὐχί nicht Q 6,32.34.39; **12,6**; 12,23; ⟦15,4⟧; ⟦«15,8»⟧

ὀφειλέτης Schuldner Q 11,4

ὀφείλημα Schuld Q 11,4

ὀφθαλμός Auge Q ⟦6,20⟧; **6,41**[2]**.42**[4]; **10,23**; **11,34**[2]; 11,34

ὄφις Schlange Q **11,12**

ὄχλος Volksmenge Q ⟦3,7⟧; **7,24**; **11,14**; *11,27.29.39*; ⟦*12,54*⟧

ὄψιος spät, *subst.*: Abend Q ⟦12,54⟧

παιδίον Kind Q 7,32

παῖς Sklave, Bursche Q 7,3; *7,7*; *7,10*

πάλαι längst Q **10,13**

πάλιν wieder Q ⟦6,43⟧; ⟦13,20⟧

πανοπλία Rüstung Q *11,22*

παραγίνομαι kommen Q ⟦*3,21*⟧

παραδίδωμι übergeben Q **10,22**; **12,58**

παραιτέομαι sich erbitten, sich entschuldigen Q *14,18*[2]*.19*

παρακαλέω bitten, trösten Q ⟦6,21⟧; 7,3

παραλαμβάνω mitnehmen Q 4,5.9; **11,26**; **17,34.35**

παρατήρησις Beobachtung Q ⟦«17,20»⟧

παρατίθημι vorsetzen (von Speisen) Q ⟦«10,8»⟧

παρέρχομαι vorbeigehen, vergehen Q **16,17**

παροψίς Schüssel Q 11,39

πᾶς jeder, ganz, *pl.*: alle Q **3,3.9**; **4,5.6**; ⟦6,22⟧; **6,47**; ⟦6,49⟧; ⟦7,18⟧; ⟦*7,29*⟧; **10,22**; **11,10.17**; 11,17; ⟦11,33⟧; **11,50**; **12,7.8.27.**30; ⟦12,31⟧; **12,44**; ⟦14,11⟧;

14,18; **16,18**; *17,29*; **19,26**

πατήρ Vater Q **3,8**; 6,35; **6,36**; **9,59**; **10,21[2].22[3]**; **11,2.13.47.48**; [[12,6]]; **12,30.53**; **14,26**

πείθω vertrauen Q *11,22*

πεινάω hungern Q **4,2**; **6,21**

πειράζω versuchen Q **4,2**

πειρασμός Versuchung Q **11,4**

πέμπω senden, schicken Q *7,10*; **7,18**

πενθερά Schwiegermutter Q **12,53**

πενθέω trauern Q [[6,21]]

πέντε fünf Q [[12,6]]; *14,19*; 19,18

πέρας Ende, Grenze Q **11,31**

περιβάλλω herumlegen, umtun, anziehen Q **12,27**; 12,29

περίκειμαι umgelegt sein Q [[17,2]]

περιπατέω umhergehen, darübergehen Q **7,22**; 11,44

περίσσευμα Überfluss Q **6,45**

περισσότερος größer, mehr Q **7,26**

περίχωρος Umgegend, Nachbarschaft Q **3,3**

πετεινόν Vogel Q **9,58**; 12,24; **13,19**

πέτρα Fels Q **6,48**; 6,48

πήρα Reisesack, Proviantsack, Bettelsack Q **10,4**

πῆχυς Elle (etwa 45-52 cm), *übertragen*: Zeitspanne Q **12,25**

πίνω trinken Q **7,33.34**; «10,7»; **12,29.45**; 13,26; **17,27**; *17,28*

πίπτω fallen, einstürzen Q **6,39**; 6,48.49; 12,6; [[16,17]]

πιστεύω glauben Q *7,10*; [[*7,29.30*]]

πίστις Treue, Vertrauen, Glaube Q **7,9**; 11,42; **17,6**

πιστός treu, zuverlässig Q **12,42**; **19,17**; [[19,19]]

πλανάω irreführen, sich verirren Q 15,7

πλατεῖα breiter Weg, Straße Q 13,26

πλήν aber, jedoch, doch Q **10,14**; **17,1**

πληρόω vollmachen, vollenden, beenden Q [[7,1]]

πνεῦμα Wind, Geist Q **3,16**; [[**3,22**]]; **4,1**; **11,24.26**; **12,10**; [[12,12]]

πνέω wehen, blasen, stürmen Q [[6,48.49]]

ποιέω tun, handeln, bereiten, (Frucht) bringen Q **3,8.9**; **6,31[2]**; 6,32.34; *6,43*[2]; **6,43[2].46.47.49**; **7,8[2]**; **11,42**; **12,43**; **14,16**; 19,18

πόλις Stadt Q **10,8**; 10,10; [[10,10]]; **10,12**

πολύς viel, groß, lang, *comp.*: mehr Q **6,23**; **10,2.24**; **11,31.32**; **12,7.23**; 12,28; **13,24**; [[13,29]]; [[14,16]]; [[19,15]]; 19,17.19

πονηρός schlecht, böse Q **6,22.35.45[3]**; **11,13.26. 29.34**; **19,22**

πορεύομαι kommen, gehen Q 7,8[2].22; **11,26**; *14,19*; **15,4**

πόρνη Prostituierte Q [[*7,29*]]

ποσάκις wie oft? Q **13,34**

πόσος wie groß?, wie viel? Q **11,13**; 11,35

ποταμός Fluss, Sturzbach Q **6,48.49**

πότε wann? Q [[«17,20»]]

ποτήριον Becher Q **11,39**; 11,41

ποῦ wohin? Q **9,58**

πούς Fuß Q **4,11**; **10,11**

πραγματεύομαι Geschäfte machen Q 19,13

πρόβατον Schaf Q 10,3; **15,4**

προσδοκάω erwarten Q **7,19**; **12,46**

προσεργάζομαι hinzuerwerben Q 19,16

προσεύχομαι beten Q **6,28**; **11,2**

προσκόπτω stoßen, gegen etwas prallen Q **4,11**; 6,49

προσκυνέω anbeten Q **4,7.8**

προσπίπτω (an)fallen Q [[6,48]]

προστίθημι hinzufügen Q **12,25.31**

προσφωνέω zurufen Q **7,32**

πρόσωπον Angesicht Q 7,27; [[**12,56**]]

προφήτης Prophet Q **6,23**; **7,26[2]**; **10,24**; **11,47.49**; 11,50; **13,34**; **16,16**

πρωΐ früh, am Morgen Q [[12,55]]

πρωτοκαθεδρία Ehrensitz Q **11,43**

πρωτοκλισία Ehrenplatz Q [[11,43]]

πρῶτος erster, *neutr. adv.*: zuerst Q **6,42**; **9,59**; [[10,5]]; *11,22*; **11,26**; *11,41*; [[**13,30**]][2]; *14,18*; 19,16

πτερύγιον Flügelchen, Rand, Spitze Q **4,9**

πτέρυξ Flügel Q **13,34**

πτύον (Worf)schaufel Q **3,17**

πτῶμα Leichnam, Aas Q 17,37

πτῶσις Fall, Einsturz Q [[6,49]]

πτωχός arm Q **6,20**; **7,22**

πῦρ Feuer Q **3,9.16.17**; [[«12,49»]]; *17,29*

πυρράζω feuerrot sein Q [[12,54.55]]

πωλέω verkaufen Q **12,6**; *17,28*

πῶς wie? Q **6,42**; **11,18**; *11,21*; **12,11.27**

ῥάβδος Stab, Stock Q 10,4

ῥαπίζω schlagen Q [[6,29]]

ῥίζα Wurzel Q 3,9

ῥίπτω werfen, stürzen Q 17,2

σάκκος Sack, sackförmiges Gewand (als Zeichen der Trauer) Q **10,13**

σαλεύω zum Schwanken bringen, hin und her bewegen Q **7,24**

σαπρός faul, modrig, unbrauchbar, minderwertig Q *6,43*[3]; **6,43**

σαρόω fegen Q **11,25**; [[«15,8»]]

σατανᾶς Satan Q **11,18**

σάτον Sat (hebr. Getreidemaß, etwa 13 l) Q **13,21**

σημεῖον Zeichen Q **11,16.29**[3]; 11,30

σήμερον heute Q 11,3; **12,28**; [[12,55]]

σής Motte Q «12,33»; **12,33**

σιαγών Wange Q **6,29**

Σιδών Sidon Q **10,13.14**

σίναπι Senf Q **13,19**; **17,6**

σῖτος Weizen Q **3,17**

σκανδαλίζω Anstoß geben, (zur Sünde) verführen Q **7,23**; **17,2**

σκάνδαλον Falle, Verführung Q **17,1**

σκεῦος Gerät Q *11,21*

σκληρός hart Q 19,21

σκορπίζω zerstreuen Q **11,23**

σκοτεινός finster, dunkel Q **11,34**

σκοτία Finsternis, Dunkel Q **12,3**

σκότος Finsternis, Dunkel Q **11,35**; 11,35; 13,28

Σόδομα Sodom Q **10,12**; *17,29*

Σολομών Salomo Q **11,31**[2]; **12,27**

σοφία Weisheit Q **7,35**; **11,31**; 11,49

σοφός Weise Q **10,21**; 11,49

σπείρω säen Q **12,24**; **19,21.22**

σποδός Asche Q **10,13**

σταυρός Kreuz Q **14,27**

σταφυλή Weintraube Q **6,44**

στέγη Dach Q **7,6**

στενός eng Q **13,24**

στόμα Mund Q **6,45**

στρατιώτης Soldat Q **7,8**

στρέφω hinwenden Q 6,29

στρουθίον Sperling, Spatz Q **12,6.7**

στυγνάζω trübe sein/werden Q ⟦12,55⟧

συκάμινος Maulbeerbaum Q 17,6

σῦκον Feige Q **6,44**

συλλέγω zusammenlesen, sammeln Q **6,44**

συνάγω (ein)sammeln, sich versammeln, (zusammen-) bringen Q **3,17**; **11,23**; 12,24; 17,37; 19,21.22

συναγωγή Synagoge Q **11,43**; 12,11

συναίρω λόγον Abrechnung halten Q 19,15

σύνδουλος Mitsklave Q ⟦12,45⟧

συνετός gebildet Q **10,21**

σῶμα Leib Q **11,34**[3]; **12,4**; 12,5; **12,22.23**

ταμεῖον (Vorrats)kammer Q *12,3*; 17,23

ταπεινόω erniedrigen Q ⟦**14,11**⟧[2]

τέκνον Kind Q **3,8**; 7,35; **11,13**; **13,34**

τελώνης Zöllner Q 6,32; ⟦**7,29**⟧; **7,34**

τεσσεράκοντα vierzig Q 4,2

τίθημι stellen, einen Platz zuweisen Q **11,33; 12,46**

τίς, τί wer? welcher? was? wie! Q **3,7**; 6,32; ⟦6,34⟧; **6,41**; 6,46; **7,24.25.26.31**; *7,31*; **11,11.19**; **12,11**; 12,12; **12,22[2].25.26.29[2]**; 12,29; **12,42**; ⟦«12,49»⟧; 13,18[2]. 20; **14,34**; 15,4; ⟦«15,8»⟧

τις, τι (irgend)einer, *pl.*: einige Q 9,57; ⟦10,22⟧; 11,15.16; *11,21.27*; 14,16; 19,12

τόκος Zins Q **19,23**

τόπος Ort, Platz, Gegend Q **11,24**

τότε dann, da Q ⟦*3,21*⟧; **6,42**; *11,22*; ⟦**11,24**⟧; **11,26**; *11,39*; 13,26; **14,21**; 16,16

τραπεζίτης Geldwechsler Q ⟦19,23⟧

τράχηλος Hals, Nacken Q **17,2**

τρεῖς drei Q **13,21**

τρέφω ernähren Q **12,24**

τρίβολος Distel Q 6,44

τρόπος Art und Weise Q **13,34**

τροφή Nahrung Q **12,23**; 12,42

τρώγω essen Q 17,27

τύπτω schlagen Q **12,45**

Τύρος Tyrus Q **10,13.14**

τυφλός blind Q **6,39[2]**; **7,22**

ὑγιαίνω gesund sein Q *7,10*

ὕδωρ Wasser Q **3,16**

υἱός Sohn Q ⟦3,22⟧; **4,3.9**; 6,22; **6,35**; **7,34**; **9,58**; 10,6; **10,22[3]**; **11,11.19.30**; ⟦11,48⟧; ⟦12,8⟧; **12,10.40**; 12,53; 14,26; **17,24.26.30**

ὑπάγω gehen Q ⟦«6,29↔30 /Mt 5,41»⟧; *7,10*; 10,3; *12,58*

ὑπακούω gehorchen Q 17,6

ὑπάρχω vorhanden sein Q *11,21*; **12,44**

ὑπηρέτης Diener Q 12,58; ⟦<12,58>⟧

ὑποδείκνυμι zeigen Q **3,7**

ὑπόδημα Sandale Q **3,16**; **10,4**

ὑποκριτής Heuchler Q **6,42**

ὑποστρέφω zurückkehren Q *7,10*

ὕστερον danach Q *4,2*; ⟦*7,30*⟧

ὑψηλός hoch Q ⟦4,5⟧

ὑψόω erhöhen Q **10,15;** ⟦**14,11**⟧[2]

φάγος Fresser Q 7,34

φαίνομαι leuchten Q 17,24

Φαρισαῖος Pharisäer Q ⟦*7,30*⟧; *11,16*; **11,39.42**; 11,43; ⟦11,44⟧

φεύγω fliehen, entkommen Q **3,7**

φημι sagen Q 7,6

φθάνω schon da sein, zuvorkommen Q **11,20**

φιλέω lieben Q 11,43

φίλος Freund(in) Q 7,34; ⟦«15,9»⟧

φοβέω fürchten Q **12,4.5.**7; **19,21**

φορέω (Kleider) tragen Q 7,25

φορτίον Last Q **11,46**

φρόνιμος klug Q **12,42**

φυλακή (Nacht)wache, Gefängnis Q 12,39; **12,58**

φυλάσσω bewachen Q *11,21.28*

φυλή Stamm Q **22,30**

φυτεύω pflanzen Q 17,6; *17,28*

φωλεός Höhle Q **9,58**

φωνή Stimme Q *11,27*

φῶς Licht Q **11,35; 12,3**

φωτεινός leuchtend, licht Q **11,34**

χαίρω freuen Q **6,23; 15,7**; ⟦<«15,9»>⟧

χαρά Freude Q ⟦«15,10»⟧

χειμών regnerisches, stürmisches Wetter Q ⟦12,55⟧

χείρ Hand Q **3,17; 4,11**

χείρων schlechter, schlimmer Q **11,26**

χιτών Untergewand Q **6,29**

Χοραζίν Chorazin Q **10,13**

χορτάζω sättigen Q **6,21**

χόρτος Gras Q **12,28**

χρῄζω nötig haben, brauchen Q **12,30**

χρονίζω sich Zeit lassen Q **12,45**

χρόνος Zeit Q ⟦19,15⟧

χωλός lahm Q **7,22**

ψυχή Seele, Leben Q 12,4.5; **12,22.23; 17,33**; 17,33

ὧδε hier Q **11,31.32**; ⟦«17,21»⟧

ὦμος Schulter Q ⟦11,46⟧

ὥρα Stunde Q *7,10*; *10,21*; **12,12.40.46**; ⟦14,17⟧

Bibliographie

Die Abkürzungen folgen S.M. Schwertner, Internationales Abkürzungsverzeichnis für Theologie und Grenzgebiete, Berlin / New York [2]1992.

A. Textausgaben

Novum Testamentum Graece. Editione vicesima septima revisa, hg. v. B. Aland u.a., Stuttgart [27]1993 („Nestle-Aland").

Synopsis quattuor Evangeliorum. Locis Parallelis Evangeliorum Apocryphorum et Patrum adhibitis, ed. K. Aland, Stuttgart [15]1996.

Flavius Josephus. De Bello Judaico. Der Jüdische Krieg. Zweisprachige Ausgabe der sieben Bücher, 2 Bände u. Register-Band, hg. v. O. Michel / O. Bauernfeind, München / Darmstadt 1959/69.

C. Plinius Secundus d. Ä. Naturalis Historiae / Naturkunde. Lateinisch – deutsch (Sammlung Tusculum), hg. v. R. König u.a., Zürich / München 1973/96.

P. Cornelius Tacitus. *Historiae* / Historien. Lateinisch – deutsch (Sammlung Tusculum), hg. v. J. Borst unter Mitarbeit von H. Hross / H. Borst, München / Zürich [5]1984.

A.F.J. Klijn, Die syrische Baruch-Apokalypse (JSHRZ 5/2), Gütersloh 1976, 103-191.

Papiasfragmente. Hirt des Hermas (SUC 3), eingeleitet, hg, übertragen u. erläutert von U.H.J. Körtner / M. Leutzsch, Darmstadt 1998.

Nag Hammadi Deutsch. 1. Band: NHC I,1–V,1. Eingeleitet und übersetzt von Mitgliedern des Berliner Arbeitskreises für Koptisch-Gnostische Schriften (Koptisch-Gnostische Schriften II; GCS NF 8 [96]), hg. v. H.-M. Schenke u.a., Berlin / New York 2001.

B. *The Critical Edition of* Q und deren Studienausgaben

The Critical Edition of Q. Synopsis including the Gospels of Matthew and Luke, Mark and Thomas with English, German and French Translations of Q and Thomas, eds. J.M. Robinson, P. Hoffmann and J.S. Kloppenborg, Leuven / Minneapolis, MN 2000.

Der vom Internationalen Q-Projekt rekonstruierte Q-Text. Eine Werkstattübersetzung, in: Wenn drei das gleiche sagen – Studien zu den ersten drei Evangelien (Theologie 14), hg. v. S.H. Brandenburger / T. Hieke, Münster 1998, 103-120.

T. Hieke, Die Logienquelle. Eine Übersetzung auf der Basis des Internationalen Q-Projekts, in: Bibel und Kirche 54 (1999) I-XXII.

L'Évangile inconnu. La Source des paroles de Jésus (Q). Traduction, introduction et annotation par F. Amsler (EssBib 30), Genf 2001.

The Sayings Gospel Q in Greek and English with Parallels from the Gospels of Mark and Thomas (Contributions to Biblical Exegesis and Theology 30), eds. J.M. Robinson u.a., Leuven u.a. / Minneapolis, MN 2002.

The Sayings of Jesus: The Sayings Gospel Q in English (Facets), ed. J.M. Robinson, Minneapolis, MN 2002.

C. Documenta Q: Reconstructions of Q Through Two Centuries of Gospel Research – Excerpted, Sorted and Evaluated

S. Carruth / A. Garsky, Q 11:2b-4. The Lord's Prayer, Volume Editor S.D. Anderson, Leuven 1996.

S. Carruth / J.M. Robinson, Q 4:1-13, 16. The Temptations of Jesus – Nazara, Volume Editor C. Heil, Leuven 1996.

A. Garsky u.a., Q 12:49-59. Children against Parents – Judging the Time – Settling out of Court, Volume Editor S. Carruth, Leuven 1997.

P. Hoffmann u.a., Q 12:8-12. Confessing or Denying – Speaking against the Holy Spirit – Hearings before Synagogues, Volume Editor C. Heil, Leuven 1997.

P. Hoffmann u.a., Q 22:28, 30, Volume Editor C. Heil, Leuven 1998.

T. Hieke, Q 6:20-21. The Beatitudes for the Poor, Hungry, and Mourning, Volume Editor T. Hieke, Leuven u.a. 2001.

S.R. Johnson, Q 7:1-10. The Centurion's Faith in Jesus' Word, Volume Editor S.R. Johnson, Leuven u.a. 2002.

D. Bibliographien

F. Neirynck u.a., The Gospel of Matthew and the Gospel Source Q: A Cumulative Bibliography 1950–1995 (BEThL 140a.b), Leuven 1998.

D.M. Scholer, Q Bibliography 1981–1998, in: SBL.SP 25 (1986) – 37 (1998).

E. Weitere zitierte Literatur

Ein Sternchen * weist auf allgemeinverständliche, einführende Beiträge hin.

W.E. Arnal, Jesus and the Village Scribes: Galilean Conflicts and the Setting of Q, Minneapolis, MN 2001.

D.C. Allison, Jr., The Jesus Tradition in Q, Harrisburg, PA 1997.

U. Bauer, Der Anfang der Endzeitrede in der Logienquelle (Q 17). Probleme der Rekonstruktion und Interpretation des Q-Textes, in: Wenn drei das gleiche sagen – Studien zu den ersten drei Evangelien. Mit einer Werkstattübersetzung des Q-Textes (Theologie 14), hg. v. S.H. Brandenburger / T. Hieke, Münster 1998, 79-101.

— Das synoptische Problem und die Zweiquellentheorie, in: BiKi 54 (1999) 54-62.*

J. Becker, Jesus von Nazaret (GLB), Berlin / New York 1995.

G. Bornkamm, Art. Evangelien, synoptische, in: RGG^{3} 2 (1958) 753-766.

I. Broer, Einleitung in das Neue Testament. Band I: Die synoptischen Evangelien, die Apostelgeschichte und die johanneische Literatur (NEB.NT Ergänzungsband 2/1), Würzburg 1998.*

R. Bultmann, Was läßt die Spruchquelle über die Urgemeinde erkennen?, in: Oldenburgisches Kirchenblatt 19 (1913) 35-37. 41-44.*

— Die Geschichte der synoptischen Tradition (FRLANT 29) (1921), Göttingen ^{10}1995.

D.R. Catchpole, The Quest For Q, Edinburgh 1993.

H. Conzelmann / A. Lindemann, Arbeitsbuch zum Neuen Testament (UTB 52), Tübingen ^{13}2000.*

J.D. Crossan, The Birth of Christianity, San Francisco 1998.

R.A. Derrenbacker / J.S. Kloppenborg Verbin, Self-Contradiction in the IQP? A Reply to Michael Goulder, in: JBL 120 (2001) 57-76.

M. Dibelius, Die Formgeschichte des Evangeliums (1919), hg. v. G. Bornkamm, Tübingen ^{5}1966.

F.G. Downing, Quite Like Q: A Genre for „Q": The „Lives" of Cynic Philosophers, in: Bib. 69 (1988) 226-238

— A Genre for Q and a Socio-Cultural Context for Q. Comparing Sets of Similarities with Sets of Differences (1994), in: ders., Doing Things with Words in the First Christian Century (JSNT.S 200), Sheffield 2000, 95-117.

M. Ebner, Jesus – ein Weisheitslehrer? Synoptische Weisheitslogien im Traditionsprozeß (Herders Biblische Studien 15), Freiburg i.Br. u.a. 1998.

R.A. Edwards, The Sign of Jonah in the Theology of the Evangelists and Q (SBT 2/18), London 1971.

— A Theology of Q. Eschatology, Prophecy, and Wisdom, Philadelphia 1976.

M. Frenschkowski, Welche biographischen Kenntnisse von Jesus setzt die Logienquelle voraus? Beobachtungen zur Gattung von Q im Kontext antiker Spruchsammlungen, in: From Quest to Q. Festschrift James M. Robinson (BEThL 146), Leuven 2000, 3-42.

— Q-Studien. Historische, religionsgeschichtliche und theologische Untersuchungen zur Logienquelle, Habil. masch., Mainz 2000.

— Galiläa oder Jerusalem? Die topographischen und politischen Hintergründe der Logienquelle, in: The Sayings Source Q and the Historical Jesus (BEThL 158), ed. A. Lindemann, Leuven u.a. 2001, 535-559.

R.H. Gundry, Spinning the Lilies and Unravelling the Ravens: An Alternative Reading of Q 12.22b-31 and P.Oxy. 655, in: NTS 48 (2002) 159-180.

V. Hampel, Menschensohn und historischer Jesus. Ein Rätselwort als Schlüssel zum messianischen Selbstverständnis Jesu, Neukirchen-Vluyn 1990.

A. Harnack, Das Wesen des Christentums (1900). Nachdruck hg. und kommentiert von T. Rendtorff, Gütersloh 1999.*

— Sprüche und Reden Jesu. Die zweite Quelle des Matthäus und Lukas. Beiträge zur Einleitung in das Neue Testament 2, Leipzig 1907.

C. Heil, Was ist „Nachfolge Jesu"? Antworten von Q, Matthäus, Lukas – und Jesus, in: BiKi 54 (1999) 80-84.*

— Das Internationale Q-Projekt, in: BiKi 54 (1999) XXIII.*

— Die Q-Rekonstruktion des Internationalen Q-Projekts: Einführung in Methodik und Resultate, in: NT 43 (2001) 128-143.

— Beobachtungen zur theologischen Dimension der Gleichnisrede Jesu in Q, in: The Sayings Source Q and the Historical Jesus (BEThL 158), ed. A. Lindemann, Leuven u.a. 2001, 649-659.

— Lukas und Q. Studien zur lukanischen Redaktion des Spruchevangeliums Q (BZNW), Berlin / New York 2002.

T. Hieke, Schriftgelehrsamkeit in der Logienquelle: Die alttestamentlichen Zitate in der Versuchungsgeschichte Q 4,1-13, in: From Quest to Q. Festschrift James M. Robinson (BETL 146), Leuven 2000, 43-72.

M. Hengel, Nachfolge und Charisma. Eine exegetisch-religionsgeschichtliche Studie zu Mt 8,21f. und Jesu Ruf in die Nachfolge (BZNW 34), Berlin 1968.

P. Hoffmann, Studien zur Theologie der Logienquelle (NTA NF 8), Münster ^{3}1982.

— Tradition und Situation. Studien zur Jesusüberlieferung in der Logienquelle und den synoptischen Evangelien (NTA NF 28), Münster 1995.

— Art. „Logienquelle", in: LThK^{3} 6, 1997, 1019-1021.

— Art. „Menschensohn. II. Neues Testament", in: LThK^{3} 7, 1998, 131f.

— Der Menschensohn in Lukas 12.8, in: NTS 44 (1998) 357-379.

— Herrscher in oder Richter über Israel? Mt 19,28 / Lk 22,28-30 in der synoptischen Überlieferung, in: Ja und Nein – Christliche Theologie im Angesicht Israels. Festschrift Wolfgang Schrage, Neukirchen-Vluyn 1998, 253-264.

— / T. Hieke / U. Bauer, Synoptic Concordance. Griechische Konkordanz zu den ersten drei Evangelien in synoptischer Darstellung, statistisch ausgewertet, mit Berücksichtigung der Apostelgeschichte, 4 Bände, Berlin / New York 1999/2000.

— Mutmaßungen über Q. Zum Problem der literarischen Genese von Q, in: The Sayings Source Q and the Historical Jesus (BEThL 158), ed. A. Lindemann, Leuven u.a., 2001, 255-288.

H.J. Holtzmann, Die synoptischen Evangelien, ihr Ursprung und geschichtlicher Charakter, Leipzig 1863.

R.A. Horsley, *Logoi Prophētōn*? Reflections on the Genre of Q, in: The Future of Early Christianity. Festschrift Helmut Koester, Minneapolis, MN 1991, 195-209.

— Galilee. History, Politics, People, Valley Forge, PA 1995.

— with J.A. Draper, Whoever Hears You Hears Me. Prophets, Performance, and Tradition in Q, Harrisburg, PA 1999.

A.D. Jacobson, The First Gospel: An Introduction to Q (Foundations & Facets. Reference Series. New Testament), Sonoma, CA 1992.

B. Janowski, Der barmherzige Richter. Zur Einheit von Gerechtigkeit und Barmherzigkeit im Gottesbild des Alten Orients und des Alten Testaments, in: Das Drama der Barmherzigkeit Gottes. Studien zur biblischen Gottesrede und ihrer Wirkungsgeschichte in Judentum und Christentum (SBS 183), hg. v. R. Scoralick, Stuttgart 1999, 33-91.

J. Jeremias, Zur Hypothese einer schriftlichen Logienquelle Q (1930), in: ders., Abba. Studien zur neutestamentlichen Theologie und Zeitgeschichte, Göttingen 1966, 90-92.

A. Kirk, The Composition of the Sayings Source: Genre, Synchrony, and Wisdom Redaction in Q (NT.S 91), Leiden u.a. 1998.

J.S. Kloppenborg, The Formation of Q. Trajectories in Ancient Wisdom Collections (Studies in Antiquity & Christianity), Philadelphia 1987 (Nachdruck Harrisburg, PA / London 2000).

— Literary Convention, Self-Evidence and the Social History of the Q People, in: Semeia 55 (1991) 77-102.

— The Sayings Gospel Q: Recent Opinion on the People Behind the Document, in: Currents in Research: Biblical Studies 1 (1993) 9-34.

– The Sayings Gospel Q and the Quest of the Historical Jesus, in: HThR 89 (1996) 307-344.

– The Sayings Gospel Q: Literary and Stratigraphic Problems, in: Symbols and Strata. Essays on the Sayings Gospel Q (PFES 65), ed. R. Uro, Göttingen / Helsinki 1996, 1-66.

– Art. „Q (The Sayings Gospel)“, in: Dictionary of Biblical Interpretation. Vol. 2, ed. J.H. Hayes, Nashville, TN 1999, 343-346.

– Das Jesus-Bild des Spruchevangeliums Q, in: BiKi 54 (1999) 75-79.*

– Excavating Q: The History and Setting of the Sayings Gospel, Minneapolis, MN / Edinburgh 2000.

– A Dog among the Pigeons: The „Cynic Hypothesis“ as a Theological Problem, in: From Quest to Q. Festschrift James M. Robinson (BETL 146), Leuven 2000, 73-118.

H. Köster, Ein Jesus und vier ursprüngliche Evangeliengattungen, in: H. Köster / J.M. Robinson, Entwicklungslinien durch die Welt des frühen Christentums, Tübingen 1971, 147-190.

– Q and its Relatives, in: Gospel Origins and Christian Beginnings. Festschrift J.M. Robinson (Forum Fascicles 1), Sonoma, CA 1990, 49-63.

– Ancient Christian Gospels. Their History and Development, Philadelphia / London 1990.

– Introduction to the New Testament. Vol. 2: History and Literature of Early Christianity, Berlin / New York ²2000.*

D. Kosch, Die eschatologische Tora des Menschensohnes. Untersuchungen zur Rezeption der Stellung Jesu zur Tora in Q (NTOA 12), Freiburg (Schweiz) / Göttingen 1989.

– Q und Jesus, in: BZ NF 36 (1992) 30-58.

P. Kristen, Familie, Kreuz und Leben. Nachfolge Jesu nach Q und dem Markusevangelium (MThSt 42), Marburg 1995.

M. Küchler, Die weisheitlichen Logien Jesu nach den Synoptikern (Umfang, Echtheit und Bedeutung), Lizentiatsarbeit, Freiburg i.Ue. 1972.

C. Lachmann, De ordine narrationum in evangeliis synopticis, in: ThStKr 8 (1835) 570-590.

G. Langer, Das Judentum in Syrien von den Hasmonäern bis um 700 n. Chr., in: Religionsgeschichte Syriens. Von der Frühzeit bis zur Gegenwart, hg. v. P.W. Haider u.a., Stuttgart u.a. 1996, 242-256.

D. Lührmann, Die Redaktion der Logienquelle (WMANT 33), Neukirchen-Vluyn 1969.

— Die Logienquelle und die Leben-Jesu-Forschung, in: The Sayings Source Q and the Historical Jesus (BEThL 158), ed. A. Lindemann, Leuven u.a. 2001, 191-206.

U. Luz, Das Evangelium nach Matthäus (Mt 18–25) (EKK 1/3), Neukirchen-Vluyn u.a. 1997.

B.L. Mack, The Lost Gospel: The Book of Q and Christian Origins, San Francisco 1993.

— Wer schrieb das Neue Testament? Die Erfindung des christlichen Mythos, München 2000.

T.W. Manson, The Sayings of Jesus: As recorded in the Gospels according to St. Matthew and St. Luke arranged with Introduction and Commentary (1937), London 1949.

H. Melzer-Keller, Jesus und die Frauen. Eine Verhältnisbestimmung nach den synoptischen Evangelien (Herders Biblische Studien 14), Freiburg i.Br. u.a. 1997.

— Frauen in der Logienquelle und ihrem Trägerkreis. Ist Q das Zeugnis einer patriarchatskritischen, egalitären Bewegung?, in: Wenn drei das gleiche sagen – Studien zu den ersten drei Evangelien. Mit einer Werkstattübersetzung des Q-Textes (Theologie 14), hg. v. S.H. Brandenburger / T. Hieke, Münster 1998, 37-62.

— Wie frauenfreundlich ist die Logienquelle?, in: BiKi 54 (1999) 89-92.*

M. Myllykoski, The Social History of Q and the Jewish War, in: Symbols and Strata. Essays on the Sayings Gospel Q (SESJ 65), ed. R. Uro, Göttingen / Helsinki 1996, 144-199.

F. Neirynck, The Symbol Q (= Quelle), in: ders., Evangelica. Gospel Studies – Études d'évangile. Collected Essays (BEThL 60), ed. F. van Segbroeck; Leuven 1982, 683-689.

— Once More: The Symbol Q, ebda., 689-690.

— Q: From Source to Gospel (1995), in: ders.: Evangelica III. 1992–2000. Collected Essays (BEThL 150), Leuven u.a. 2001, 419-431.

— The Reconstruction of Q and IQP/CritEd Parallels, in: The Sayings Source Q and the Historical Jesus (BEThL 158), ed. A. Lindemann, Leuven u.a., 2001, 53-147.

— Q-Parallels. Q-Synopsis and IQP/CritEd Parallels (SNTA 20), Leuven u.a. 2001.

R.A. Piper, Wisdom in the Q-tradition. The Aphoristic Teaching of Jesus (MSSNTS 61), Cambridge 1989.

— (ed.), The Gospel Behind the Gospels. Current Studies on Q (NT.S 75), Leiden 1995.

A. Polag, Die Christologie der Logienquelle (WMANT 45), Neukirchen-Vluyn 1977.

S.E. Porter, P.Oxy. 655 and James Robinson's Proposals for Q: Brief Points of Clarification, in: JThS 52 (2001) 84-92.

J.L. Reed, Archaeology and the Galilean Jesus. A Re-examination of the Evidence, Harrisburg, PA 2000.

J.M. Robinson, LOGOI SOPHON: Zur Gattung der Spruchquelle Q, in: H. Köster / J.M. Robinson, Entwicklungslinien durch die Welt des frühen Christentums, Tübingen 1971, 70-106.

— On Bridging the Gulf from Q to the Gospel of Thomas (or Vice Versa), in: Nag Hammadi, Gnosticism & Early Christianity, eds. C.W. Hedrick / R. Hodgson, Peabody, MA 1986, 127-175.

— The Q Trajectory: Between John and Matthew via Jesus, in: The Future of Early Christianity: Festschrift Helmut Koester, Minneapolis, MN 1991, 173-194.

— The Sayings Gospel Q, in: The Four Gospels 1992. Festschrift Frans Neirynck (BEThL 100), Leuven 1992, 361-388.

— Die Logienquelle: Weisheit oder Prophetie? Anfragen an Migaku Sato, Q und Prophetie, in: EvTh 53 (1993) 367-389.

— The Son of Man in the Sayings Gospel Q, in: Tradition und Translation. Zum Problem der interkulturellen Übersetzbarkeit religiöser Phänomene. Festschrift Carsten Colpe, Berlin / New York 1994, 315-335.

— Der wahre Jesus? Der historische Jesus im Spruchevangelium Q, in: Zeitschrift für Neues Testament 1 (1/1998) 17-26.*

— / C. Heil, Zeugnisse eines schriftlichen, griechischen vorkanonischen Textes: Mt 6,28b א*, P.Oxy. 655 I,1-17 (EvTh 36) und Q 12,27, in: ZNW 89 (1998) 30-44.

— The Pre-Q Text of the (Ravens and) Lilies: Q 12:22-31 and P.Oxy. 655 (*Gos. Thom.* 36), in: Text und Geschichte - Facetten theologischen Arbeitens aus dem Freundes- und Schülerkreis. Festschrift Dieter Lührmann (MThSt 50), Marburg 1999, 143-180.

— / C. Heil, The Lilies of the Field: Saying 36 of the *Gospel of Thomas* and Secondary Accretions in Q 12.22b-31, in: NTS 47 (2001) 1-25.

— / C. Heil, Noch einmal: Der Schreibfehler in Q 12,27, in: ZNW 92 (2001) 113-122.

— The Critical Edition of Q and the Study of Jesus, in: The Sayings Source Q and the Historical Jesus (BEThL 158), ed. A. Lindemann, Leuven u.a. 2001, 27-52.

— The Image of Jesus in Q, in: Jesus Then and Now: Images of Jesus in History and Christology, eds. M. Meyer / C. Hughes, Harrisburg, PA 2001, 7-25.

— / C. Heil, P.Oxy. 655 und Q. Zum Diskussionsbeitrag von Stanley E. Porter, in: Festschrift Hans-Martin Schenke (Nag Hammadi and Manichaean Studies), Leiden u.a. 2002.

J. Roloff, Einführung in das Neue Testament (Reclam Wissen), Stuttgart 1995.*

— Jesusforschung am Ausgang des 20. Jahrhunderts (SBAW.PH 1998/4), München 1998.

M. Sato, Q und Prophetie. Studien zur Gattungs- und Traditionsgeschichte der Quelle Q (WUNT II 29), Tübingen 1988.

— Q: Prophetie oder Weisheit? Ein Gespräch mit J.M. Robinson, in: EvTh 53 (1993) 389-404.

— Wisdom Statements in the Sphere of Prophecy, in: The Gospel Behind the Gospels. Current Studies on Q (NT.S 75), ed. R.A. Piper, Leiden 1995, 139-158.

W. Schenk, Synopse zur Redenquelle der Evangelien. Q-Synopse und Rekonstruktion in deutscher Übersetzung mit kurzen Erläuterungen, Düsseldorf 1981.*

F.D.E. Schleiermacher, Ueber die Zeugnisse des Papias von unsern beiden ersten Evangelien (1832), in: Friedrich Daniel Ernst Schleiermacher. Kritische Gesamtausgabe. Erste Abteilung: Schriften und Entwürfe. Band 8: Exegetische Schriften, hg. v. H. Patsch / D. Schmid, Berlin / New York 2001, 227-254.

T. Schmeller, Brechungen. Urchristliche Wandercharismatiker im Prisma soziologisch orientierter Exegese (SBS 136), Stuttgart 1989.

J. Schmid, Matthäus und Lukas. Eine Untersuchung des Verhältnisses ihrer Evangelien (BSt.F 23/2-4) Freiburg 1930.

W. Schmithals, Einleitung in die ersten drei Evangelien (GLB), Berlin / New York 1985.

U. Schnelle, Einleitung in das Neue Testament (UTB 1830), Göttingen ³1999.*

J. Schröter, Erinnerung an Jesu Worte. Studien zur Rezeption der Logienüberlieferung in Markus, Q und Thomas (WMANT 76), Neukirchen-Vluyn 1997.

— Vorsynoptische Überlieferung auf P.Oxy. 655? Kritische Bemerkungen zu einer erneuerten These, in: ZNW 90 (1999) 265-272.

— Rezeptionsprozesse in der Jesusüberlieferung: Überlegungen zum historischen Charakter der neutestamentlichen Wissenschaft am Beispiel der Sorgensprüche, in: NTS 47 (2001) 442-468.

— Verschrieben? Klärende Bemerkungen zu einem vermeintlichen Schreibfehler in Q und tatsächlichen Irrtümern, in: ZNW 92 (2001) 283-289.

— Jesus und die Anfänge der Christologie. Methodische und exegetische Studien zu den Ursprüngen des christlichen Glaubens (BThSt 47), Neukirchen-Vluyn 2001.

S. Schulz, Q. Die Spruchquelle der Evangelisten, Zürich 1972.

A. Schweitzer, Geschichte der Leben-Jesu-Forschung (1906, ²1913) (UTB 1302), Tübingen ⁹1984.

O.H. Steck, Israel und das gewaltsame Geschick der Propheten. Untersuchungen zur Überlieferung des deuteronomistischen Geschichtsbildes im Alten Testament, Spätjudentum und Urchristentum (WMANT 23), Neukirchen-Vluyn 1967.

— Die Prophetenbücher und ihr theologisches Zeugnis. Wege der Nachfrage und Fährten zur Antwort, Tübingen 1996.

E.W. Stegemann / W. Stegemann, Urchristliche Sozialgeschichte. Die Anfänge im Judentum und die Christusgemeinden in der mediterranen Welt, Stuttgart u.a. ²1997.

D.F. Strauß, Das Leben Jesu, kritisch bearbeitet, Tübingen 1835/36, Nachdruck Darmstadt 1969.

B.H. Streeter, The Four Gospels: A Study of Origins. Treating of the Manuscript Tradition, Sources, Authorship, & Dates (1924), London ⁵1936.

F. Strickert, Bethsaida: Home of the Apostles, Collegeville, MN 1998.

G. Theißen, Soziologie der Jesusbewegung. Ein Beitrag zur Entstehungsgeschichte des Urchristentums (TEH 194 = Kaiser Taschenbuch 35) (1977), München ⁶1991.

— Studien zur Soziologie des Urchristentums (WUNT 19), Tübingen ³1989.

— Lokalkolorit und Zeitgeschichte in den Evangelien. Ein Beitrag zur Geschichte der synoptischen Tradition (NTOA 8), Freiburg (Schweiz) / Göttingen ²1992.

— / A. Merz, Der historische Jesus. Ein Lehrbuch, Göttingen 1996.*

— Die Religion der ersten Christen. Eine Theorie des Urchristentums, Gütersloh 2000.

— Das Neue Testament (C.H. Beck Wissen), München 2002.*

H.E. Tödt, Der Menschensohn in der synoptischen Überlieferung, Gütersloh 1959.

C.M. Tuckett, A Cynic Q?, in: Bib. 70 (1989) 349-376.

— Q and Thomas: Evidence of a Primitive „Wisdom Gospel"? A Response to H. Koester, in: EThL 67 (1991) 346-360.

— Q and the History of Early Christianity. Studies on Q, Edinburgh / Peabody, MA 1996.

L.E. Vaage, Galilean Upstarts: Jesus' First Followers According to Q, Valley Forge, PA 1994.

— Q and Cynicism: On Comparison and Social Identity, in: The Gospel Behind the Gospels: Current Studies on Q (NT.S 75), ed. R.A. Piper, Leiden u.a. 1995, 199-229.

J. Weiß, Die Verteidigung Jesu gegen den Vorwurf des Bündnisses mit Beelzebul, in: ThStKr 63 (1890) 555-569.

C.H. Weiße, Die evangelische Geschichte kritisch und philosophisch bearbeitet, 2 Bände, Leipzig 1838.

J. Wellhausen, Einleitung in die drei ersten Evangelien, Berlin 1905, ^{2}1911.

P. Wernle, Die synoptische Frage, Freiburg i.Br. u.a. 1899.

W. Wrede, Das Messiasgeheimnis in den Evangelien, Göttingen 1901.

D. Zeller, Die weisheitlichen Mahnsprüche bei den Synoptikern (fzb 17) (1977), Würzburg ^{2}1983.

— Redaktionsprozesse und wechselnder „Sitz im Leben" beim Q-Material, in: Logia. Les Paroles de Jésus - The Sayings of Jesus (BEThL 59), ed. J. Delobel, Leuven 1982, 395-409.

— Kommentar zur Logienquelle (SKK.NT 21), Stuttgart 1984.*

— Eine weisheitliche Grundschrift in der Logienquelle?, in: The Four Gospels 1992. Festschrift Frans Neirynck (BEThL 100), Leuven 1992, 389-401.

— Art. „Logienquelle", in: NBL 2, 1995, 657-659.

— Jesus, Q und die Zukunft Israels, in: The Sayings Source Q and the Historical Jesus (BEThL 158), ed. A. Lindemann, Leuven u.a. 2001, 351-369.